Valeurs féminines, le pouvoir demain

MIKE BURKE

Valeurs féminines, le pouvoir demain

Village Mondial

ISBN : 2-84211-031-5

Ce livre est le résultat du
travail collectif d'une équipe
qui collabore depuis vingt ans.

Il est donc naturellement dédicacé
aux trois autres membres de la bande
Bernard Cathelat,
Robert Ebguy,
Jean de Nicolay.

Sommaire

Introduction

Ce livre s'adresse d'abord aux femmes.

Femmes, nous avons besoin de vous ! La société a besoin de vous !

Et j'espère bien que les propos de cet ouvrage sauront, si nécessaire, vous en convaincre.

Il s'adresse bien entendu aussi aux hommes, et d'une manière générale à tous ceux, hommes et femmes, qui éprouvent la nécessité de s'interroger sur l'évolution politique, économique et sociale de notre société.

Car si les crises que nous traversons intéressent le sociologue (« guetteur » dégagé de responsabilités directes dans la conduite des affaires courantes, dont la fonction est de détecter et, si possible, d'anticiper tendances et évolutions), elles interpellent aussi le citoyen que je suis. Le sociologue prospectiviste n'est évidemment pas chargé de s'opposer aux crises ! Mais il peut tenter de provoquer un débat destiné, peut-être, à favoriser une prise de conscience, voire – qui sait ? – une meilleure résolution des tensions…

La société française court, je crois, un vrai danger d'explosion sociale. Toujours possible, jamais certaine. Qui peut intervenir au détour d'un chemin que l'on n'attend pas. Car bien des éléments, de nature parfois contradictoire, se sont accumulés pour la provoquer : blocages, craintes, attentismes ; décisions et calendriers d'actions menées à marche forcée ; défense de territoires, défense de droits acquis ; frilosité face aux changements nécessaires, résistances aux mutations en cours.

Le besoin d'écrire ce livre est né du désir de tirer la sonnette d'alarme pour tenter de réduire les dégâts provoqués par ce que j'observe : une gestion trop autoritaire (trop masculine) des crises que nous traversons. Certes, ce n'est certainement pas la cause unique de ces crises, mais, je le crois, l'un de ses facteurs essentiels.

Et je m'adresse d'abord aux femmes, car je pense que l'une des clés de l'évolution harmonieuse de notre société réside dans l'introduction – sans tarder – des valeurs dites féminines.

J'aimerais que ceux qui détiennent le pouvoir, acteurs traditionnels de l'autorité publique, économique ou sociale, s'interrogent aussi, à tout le moins, sur cette suggestion... pressante.

Car si l'Histoire, dit-on, bégaie ou se montre capricieuse, il est bien une constante dans nos cultures : l'attitude générale à l'égard des différences masculin/féminin. Persistance que l'on peut observer dans les démocraties, les régimes tyranniques, les révolutions même ! Les différences masculin/féminin constituent sans doute l'un des facteurs les plus permanents des communautés humaines dans lesquelles nous vivons aujourd'hui.

De quoi s'agit-il ? Des disparités d'appréciations portées sur les hommes dits supérieurs et sur les femmes dites inférieures, disparités qui ne sont pas simplement réputées particulières à chacun des deux sexes, mais aux *valeurs* respectives qu'elles représentent et qui sont encore, incontestablement, à la base même du fonctionnement de nos sociétés : domination des valeurs masculines, subordination des valeurs féminines[1].

Si, autrefois, un certain mépris pour les valeurs féminines pouvait être concevable dans des sociétés en lutte pour leur survie physique, parce que les valeurs guerrières et patriarcales y étaient alors essentielles, comment justifier aujourd'hui ce qui demeure une forme de suffisance ou de dédain à l'égard de ces valeurs ? Dans

---

1. Je reviendrai bien entendu sur ce que l'on entend par les unes et les autres, mais généralement, chacun d'entre nous sait ce qu'il en est, et pour cause...

une société de culture masculine fondée sur la force physique, économique ou technologique, les valeurs morales, éthiques, affectives rangées sous la bannière féminine ont évidemment du mal à trouver toute leur place. Et il est clair aussi que dans une société qui met la croissance ou l'expansion au cœur de ses préoccupations majeures, les valeurs de respect, d'harmonie, d'équilibre ont aussi du mal à se faire leur place au soleil…

Qu'on ne se méprenne pas cependant : je ne veux pas dire que seules les femmes seraient capables de sens moral et affectif et pas les hommes, ou que seuls ceux-ci seraient doués pour le business ou la recherche et pas celles-là ! Mais au cœur de nos sociétés, aujourd'hui encore, l'agressivité, la compétition et la violence sont considérées comme des contraintes quasi inévitables, reléguant la générosité, le partage ou l'harmonie comme des valeurs mineures.

Beaucoup le regrettent, c'est vrai, mais la réalité est là. Et dans une culture fondée de longue date sur l'autorité conférée par le statut, les décisions abruptes et autoritaires, la discipline inflexible ou encore la lutte sans merci pour le pouvoir, les valeurs de compromis, de consensus, de persuasion sont, malgré ici ou là quelque gestique symbolique, nettement reléguées à l'arrière-plan.

La première idée de ce livre repose donc sur un constat : une société qui méprise les valeurs féminines s'avère, on le voit, incapable de mobiliser *réellement* les énergies collectives. Elle se trouve de fait handicapée pour réaliser ses projets, ses mutations.

Car le fameux « Ça passe ou ça casse » cher à la grande majorité des technocrates, des chefs de partis ou des chefs d'entreprise, est encore très pratiqué… Or, on le constate, cette tradition d'autorité, érigée en système, atteint aujourd'hui partout ses limites. La résistance, les résistances s'accroissent. Et malgré la peur ou les angoisses de toutes sortes (le chômage, par exemple), telle ou telle partie de la société se braque : les tensions se multiplient, les risques d'explosion augmentent, l'équilibre général tangue… On assiste à une déperdition des forces, à un gâchis humain, économique, social aussi navrant que préoccupant.

La deuxième idée de ce livre est que la longue tradition de subordination des femmes a engendré des résistances profondes aux changements : pas d'alternative, pas d'autres manières de diriger, l'accès au pouvoir est, comme chacun sait, réservé…

Or, privées de cet accès au pouvoir, cantonnées pendant des siècles au rôle de fille, puis de mère, puis enfin de veuve, les femmes ont su développer des capacités remarquables d'observation, d'influence, de persévérance, d'art de la persuasion, d'anticipation. Autant d'atouts dont nos sociétés, aujourd'hui et demain plus encore, auraient bien tort de se priver.

Une extraordinaire illustration de cette constante nous est donnée par l'histoire du *nu shu*, histoire d'un courage qui a duré pendant un millénaire en Chine : en l'an 900, dans ce pays, un langage secret a été inventé par les femmes sous le nom de *nu shu* qui signifie « graphie des femmes ». Il s'agissait d'une réponse (d'une riposte, devrait-on dire) à l'interdiction décidée par les hommes de participer à la vie civile ou administrative. À cette époque, les femmes n'avaient pas le droit d'apprendre à lire ou à écrire. Comment communiquer alors ? En inventant un langage codé utilisant les objets quotidiens tels que les ourlets des couvertures ou des mouchoirs, les poteries, les éventails. Mais aussi les chansons ou les poèmes. Les femmes chinoises ont, pendant plus de mille ans, au nez et à la barbe de leurs maris autoritaires, échangé, communiqué, enseigné. Ils n'en ont jamais rien su… jusqu'à ce que, dans les années 50, des archéologues découvrent un codex *nu shu* et que des chercheurs parviennent, au bout de plus de trente ans, à décrypter le code secret de la « graphie des femmes » !

La troisième idée est que les valeurs féminines très largement irriguées par le rôle maternel touchent à l'universel, c'est-à-dire l'inverse de la défense du territoire ou du particularisme étroit. Ces valeurs ignorent les frontières, les limites, les catégories, les chapelles…

Selon Johann Bachofen, « le principe paternel de limitation et la famille fondée sur le droit paternel sont fermés, clôturés comme un organisme individuel. Cette famille se circonscrit dans un cercle étroit avec des règles, des lois, des limites, des frontières et des tabous particuliers. »

À l'opposé, le principe maternel ignore toute restriction, il engendre plutôt le partage ou la collaboration basés sur des affinités. Face à un enfant en difficulté qu'elle ne connaît pas, une femme ne s'interroge pas d'abord sur le bien-fondé d'une éventuelle intervention pour lui venir en aide. Elle l'aide. Et après seulement, elle analysera, peut-être, la situation dans toutes ses composantes. L'essentiel est là : le réflexe est d'abord celui de la *compassion* (souffrir avec) et de *l'action* bien avant la froide et rationnelle réflexion qui paralyse l'action.

Cette capacité particulière peut soulever des montagnes. Et notre société, aujourd'hui, pourrait en avoir vraiment besoin…

On peut de surcroît, plus pragmatiquement encore, reconnaître que la fonction maternelle exige des qualités extrêmement recommandées pour l'art du management : sens de l'organisation, sens des responsabilités, capacité à mener de front plusieurs niveaux d'interventions et d'actions, sens de la négociation, sens de l'équilibrage entre forces, exigences ou nécessités de nature diverse, arbitrage de conflits, courage physique, endurance, tolérance, autorité, doigté, constance, intelligence du terrain etc.

Comme l'écrit Barbara Goyan, fondatrice et présidente de Western Industrial Contracters et mère de deux enfants : « Si vous parvenez à décider lequel des deux doit avoir le plus gros morceau de gâteau, vous êtes capable de négocier n'importe quel contrat avec le plus coriace des Hollandais ! »

Ce livre a pour origine quatre essais collectifs réalisés en 1994 et 1995 avec deux collègues du Centre de communication avancée, Bernard Cathelat et Robert Ebguy. Le point de départ en a été une série de tendances détectées pour le compte de Foreseen, Observatoire des tendances sociales internationales créé avec perspicacité et talent par Alain de Pouzilhac, président d'Havas Advertising.

Ce travail de tâtonnements s'est enrichi ensuite de très nombreuses interviews auprès de leaders de notre société, personnalités, hommes politiques, responsables d'entreprise, cadres.

J'ajoute enfin que ce livre n'aurait pas vu le jour sans la précieuse collaboration de Claire de Narbonne-Fontanieu qui lui a donné sa forme finale.

Qu'ils soient ici tous remerciés.

MIKE BURKE
janvier 1998

C H A P I T R E 1

Les valeurs féminines

Il ne s'agit pas de valeurs sexuées puisqu'elles peuvent être mises en œuvre aussi bien par les hommes que par les femmes. Elles ont cependant cette caractéristique d'être plus centrées sur l'harmonie et l'équilibre que sur la force et l'autorité, et leur efficacité ne fait pas de doute. Voilà qui est intéressant et mérite qu'on y regarde à deux fois !

Comparaisons. Explications.

EN SOCIOLOGIE, ET EN PARTICULIER dans les travaux d'Émile Durkheim et de Max Weber, la notion de *valeur* et son rôle dans la recherche sociale sont des éléments essentiels à cette science.

On peut d'ailleurs distinguer deux catégories de valeurs qui prêtent souvent à confusion :

- D'une part, celles qui sont omniprésentes parce que bien installées dans la société et qui seront donc appelées naturellement valeurs.
- D'autre part, celles qui sont plus variables, plus oscillantes, moins ancrées ou moins permanentes ; ce sont plutôt des attitudes.

Nous nous intéresserons d'abord aux premières, celles qui sont comprises par la majorité des membres de la société même s'ils ne les partagent pas toutes, mais sur lesquelles un jugement commun est porté ou qui correspondent à une habitude, dans le milieu urbain par exemple.

Si les sociétés démocratiques tolèrent en général des attitudes diverses, elles sont assez fermes sur les valeurs qui constituent une sorte de pool commun, un pool de valeurs ayant un impact sur différents consensus sociaux et politiques nécessaires au fonctionnement harmonieux de la société. Ainsi parlerons-nous de valeurs féminines et de valeurs masculines.

De quoi s'agit-il ? Il va de soi que ces termes désignent ce que notre culture a pour usage de nommer ainsi et non des caractéristiques attribuées par la nature à l'un ou l'autre des deux sexes.

Nous sommes les héritiers d'un partage millénaire des valeurs et des rôles entre ce qui est dit masculin et ce qui est considéré féminin. On peut critiquer ou combattre ces stéréotypes, mais une réflexion sur la société actuelle et son évolution future ne peut s'en abstenir.

Il ne sera donc pas question dans ce livre de personnes physiques, hommes ou femmes, quand nous utiliserons ces deux adjectifs. Mais il sera question de savoir ce qu'a en tête celui, homme ou femme, qui décide, commande, planifie et en général se sert du pouvoir : plutôt des valeurs de tradition masculines ou plutôt des valeurs féminines ?

Nous avons, nous qui formons les sociétés occidentales industrialisées, une culture patriarcale qui a probablement remplacé différentes cultures matriarcales du millénaire avant Jésus-Christ. Cette culture patriarcale, dont l'imaginaire est dominé par des mythes masculins, héros guerriers, prophètes et leaders charismatiques, est prédominante dans le gouvernement de nos sociétés. Depuis des siècles, les rôles respectifs des deux sexes sont en effet bien séparés, codifiés, hiérarchisés en faveur des hommes, tandis que les valeurs du statut féminin ont toujours été définies par rapport au service des hommes ou de la famille : la vierge est fille de son père ; la femme, épouse de son mari ; la mère, maman de ses enfants ; la veuve, de son mari défunt.

Cette domination masculine est enracinée depuis des siècles dans des sociétés qui ont valorisé les caractéristiques viriles, le courage à la guerre, la ruse et l'habileté en négociation, la force et la confiance en affaires, etc. Les hommes étaient des hommes parce qu'ils accomplissaient des exploits, tandis que les femmes « ne faisaient que des enfants et s'occupaient de la maison ». Des valeurs culturelles négatives et positives en découlaient naturellement. Il n'y a d'ailleurs pas si longtemps, à la question : « Et vous, que faites-vous ? » - sous-entendu : « quelle est votre activité professionnelle ? » -, les femmes dites au foyer répondaient « Rien » ou au mieux « Je ne travaille pas », deux phrases à la forme négative…

Ainsi, dans nos sociétés, les modes d'expression des valeurs féminines étaient-ils condamnés à un rôle tout à fait réduit. Ou tout au moins relégués à un apparent second rang.

Aujourd'hui, cette domination des valeurs masculines apparaît comme normale, naturelle. En réalité, si elle semble si naturelle, c'est parce qu'elle correspond à un héritage fort ancien où les questions darwiniennes de survie pour la famille, la tribu, le peuple étaient essentielles. Ils s'agissait bien alors d'entités vivant en autarcie économique, sur un territoire clos, où primaient la force physique et la nécessité d'avoir un renouvellement constant de forces musculaires pour les travaux manuels, la lutte contre des envahisseurs ou des vues sur la terre d'une tribu voisine...

Dans tous les cas, les valeurs indispensables étaient les capacités et les prouesses physiques, le courage, en un mot, être un « homme ». Il était donc normal, non seulement que les valeurs dominantes de ces sociétés soient masculines, mais aussi que *l'autorité* soit plutôt, dominée et guidée par des valeurs dites masculines.

Les cultures masculines fondent en effet leur autorité sur le statut, la décision, la mise en application de la puissance, de la force matérielle, physique, économique, militaire. Certes, le temps de la chasse à l'auroch est un peu dépassé (voire !), mais il en reste des traces...

Peut-on imaginer aujourd'hui une *autorité* de type féminin ? La réponse est OUI, absolument oui, et c'est une des thèses centrales de ce livre. En précisant tout de suite que cette autorité ne s'appuie pas sur les mêmes fondements : elle s'exprimera en termes d'influence, de leviers d'action indirects, d'influences obliques, de recours à la force psychologique, d'évocations qui touchent droit au cœur de la cible et d'une énergie basée sur une dynamique interrelationnelle et affective. Je reviendrai sur l'ensemble de ces caractéristiques.

Mais, pour se tenir à l'objectif de ce chapitre qui est de définir ce qu'on entend par valeurs masculines et féminines, j'ai tenté d'établir une liste comparative des valeurs dites masculines et féminines ou tout au moins communément admises comme telles.

Le tableau ci-après n'a aucune valeur scientifique ! Il est même tout à fait caricatural et j'espère bien que mes lecteurs et lectrices voudront bien le prendre ainsi, son propos étant d'abord pédagogique et nullement dogmatique !

Si cette liste peut sembler quelque peu contrastée, c'est non seulement pour des raisons démonstratives, on l'a dit, mais parce qu'il existe bel et bien une opposition entre ces valeurs distinctes.

Les valeurs masculines ont tendance à renforcer la matérialité, l'immédiateté des choses et des événements ; les valeurs féminines semblent plus orientées par la temporalité, la durée, peut être parce qu'à l'origine, ces valeurs correspondaient à des caractéristiques féminines telles que les menstruations, la gestation, l'éducation des enfants qui font intervenir de manière essentielle la notion de temps dans sa durée et dans ses rythmes.

Valeurs masculines	*Valeurs féminines*
Des valeurs de force physique, de puissance matérielle.	Des valeurs d'ascendant psychologique, d'influence non coercitive physiquement.
Des objectifs d'expansion et de croissance, et valorisation des gagnants.	Priorité à l'équilibre d'une entité sociale, de compensation des perdants.
Esprit d'agressivité, de compétition individuelle, de conflit désiré.	Emphase sur la coopération, le mutualisme et l'assistance aux faibles.
Mentalité binaire, les choses sont noires ou blanches, vraies ou fausses, sans les nuances de la vie.	Importance d'une intégration au débat de la complexité et de l'ambiguïté.
L'essentiel, c'est le rationnel purement intellectuel, quantifiable, chiffrable et analysable.	Ascendant de la perception intuitive, à l'esprit de synthèse systémique.

Quoi qu'il en soit, on attribue plutôt aux valeurs dites féminines la patience, l'endurance, la tolérance, mais aussi une certaine passivité, une résignation et une soumission face au temps, face à la durée. Aux valeurs masculines on attribue l'impatience, l'impétuosité et l'activité constante. Si les valeurs masculines ont tendance à favoriser l'accomplissement d'une mission, avec fougue et rapidité, quelles que soient les retombées négatives, les valeurs féminines semblent être plus orientées vers un processus, pas nécessairement un but, avec un intérêt particulier pour ce qui se passe pendant et après le processus en question... Il est clair que cette opposition de valeurs a eu et a des conséquences sur l'art et la manière de gouverner, sur la gestion des situations par l'autorité ou le pouvoir au sein de nos sociétés.

Une autre opposition entre les deux systèmes de valeurs mérite d'être soulignée : les valeurs masculines encouragent la défense du territoire, la définition claire de règles d'identification, le rôle ou la position de chacun dans la société. Les valeurs féminines, elles, sont plus sensibles aux interrelations, aux interactions entre les individus, aux approches transversales des frontières pour accomplir un ensemble de tâches interdépendantes.

La signification de ces deux systèmes de valeurs contrastés est d'une importance capitale pour ceux qui sont, ou qui souhaiteraient être, dirigeants de sociétés, d'entreprises ou de collectivités.

Toujours au titre du fossé qui sépare les valeurs dites masculines des valeurs dites féminines, les premières se traduisent souvent par les notions d'indépendance, d'autonomie (le *rugged individualist*) qui aiment à démontrer les *différences* par rapport aux autres : être un gagnant, être unique, être soi-même, « n'avoir ni Dieu, ni Maître », etc.

Les valeurs féminines confortent plutôt des notions cherchant à préserver les relations, quitte à perdre un peu d'avantages. Elles favoriseraient la recherche de *similitudes* avec les autres, la recherche d'un terrain commun et l'intégration des autres, même s'ils sont différents. De nouveau, l'incidence de ces disparités de valeurs sur la façon de gérer la société dans l'avenir est importante.

Je pense que nous sommes à l'aube d'un changement du type de pouvoir, de gestion et d'administration de nos sociétés, le centre de gravité de ce nouveau modèle se situant davantage près des valeurs féminines que des valeurs masculines. Ces valeurs montantes, mises en œuvre aussi bien par des hommes que par des femmes, sont plus sensibles à l'harmonie et à l'équilibre entre les relations humaines, plus proches par conséquent des valeurs maternelles que des valeurs de séduction, de passion ou de passivité traditionnellement étiquetées « féminines ».

À tout nouveau concept de référence ou nouveau système de valeurs partagées par les deux sexes, il faut un nom de baptême : appelons-le concept matri-harmonique. L'appellation n'est pas des plus phonétique, mais elle fait référence à deux éléments clés, chacun l'aura compris. Puisse-t-il donc, à partir de ces pages, prendre son essor et souhaitons-lui, je l'espère, longue vie…

C H A P I T R E 2

Les valeurs féminines face aux tendances sociologiques nouvelles

D*eux tendances émergent des études sociologiques récentes. D'une part, une baisse considérable de la confiance à l'égard de l'État et des institutions ; d'autre part, une remise en cause du libéralisme économique qui provoque aujourd'hui tant de disconvenues sociales.*

Le doute s'est infiltré profondément dans les esprits, les légitimités traditionnelles volent en éclats et les deux pôles, le politique et l'économique, souffrent d'un déficit majeur de crédit psychologique. Un nouveau modèle de leadership est donc à inventer qui pourrait s'inspirer avec profit des valeurs féminines.

Le pourquoi et le comment de ces mutations.

UN DOUBLE PHÉNOMÈNE RISQUE DE CHANGER considérablement les valeurs qui ont cours dans nos sociétés d'Europe de l'Ouest. Tel est le résultat d'études menées en 1996 par le Centre de communication avancée (CCA) et l'Observatoire social des Tendances Foreseen. A partir de ces études qualitatives et quantitatives, deux macro-tendances d'importance ont été en effet clairement identifiées :

- Une baisse considérable de la confiance et de l'estime à l'égard des institutions, de l'État et de ses représentants.
- Une remise en cause du libéralisme économique qui engendre des déséquilibres dans la société au détriment des citoyens. Une chute de la crédibilité aussi dans l'idée que l'économie de marché libérale apporte une meilleure qualité de vie à ceux qui sont à la fois ses serviteurs et ses « sujets ».

Plus précisément encore, et dans le contexte des valeurs sociales, il s'agit d'une *critique croissante des valeurs dominantes* qui semblent, aux yeux des citoyens, être pratiquées par ceux qui dirigent et commandent l'organisation sociale, économique et politique de notre société.

Les causes de cette perte de crédibilité sont nombreuses, mais le noyau dur de cette désillusion est une réelle méfiance par rapport aux doctrines de gestion, et surtout aux valeurs dominantes masculines qui semblent guider ceux qui ont la charge de gérer des secteurs essentiels de l'organisation de notre pays.

Ainsi, le mode de fonctionnement de notre gouvernement, mais aussi de nos entreprises, est-il perçu comme un compromis permanent, pratiqué par nos dirigeants, entre un réalisme de gestion à court terme et le maintien de leur pérennité à long terme. Un compromis qui entraîne un exercice périlleux de grand écart entre des principes étatiques et des principes de réalité économique, entre le volontarisme dirigiste et la nécessité du dialogue social. Les valeurs clés de ceux qui nous dirigent sont identifiées comme étant l'efficacité, le pragmatisme, la rentabilité, et les schémas de fonctionnement reposent sur l'analyse chiffrée, la programmation et le contrôle permanent. Tenus en échec par la ténacité de la récession, déconfits par la crise sociale dont ils ne semblent ni comprendre les causes, ni connaître les remèdes, ceux qui gèrent le pouvoir n'inspirent plus confiance à la majorité de la population qu'ils ont la charge de diriger.

Leur éthique de l'efficacité (« ce qui est bien est ce qui marche ») passe aujourd'hui pour une sorte d'amoralité. Les valeurs de service collectif, service de l'État ou de l'entreprise et le sens que ces valeurs semblent prendre désormais, engendrent un désintérêt et un mépris pour les individus anonymes qui composent les masses subissant leur volonté. Leurs qualités de théorisation et de modélisation perdent de leur crédibilité devant l'imprévu, l'inattendu. On perçoit aussi que la technologie s'avère incapable de s'adapter à une situation inconnue jusqu'alors et qu'elle reconduit néanmoins les mêmes schémas d'échec que par le passé. Plus encore, les valeurs d'objectivité, d'analyse froide, bien distanciées des émotions spontanées ou impulsives, s'apparenteraient à l'inhumanité glaciale d'une machine réglée à la perfection. Le modèle de pensée, de discours et de fonctionnement des décisionnaires actuellement au pouvoir dans nos institutions et nos entreprises, à quelques exceptions près, n'est plus soutenu par la confiance de la population et, avant tout, il n'est plus mobilisateur. Car c'est bien un fossé qui sépare les valeurs de ceux qui dirigent de celles, alternatives, que souhaitent ceux qui sont dirigés.

Il ne s'agit évidemment pas de ma part d'un jugement de valeur, mais d'un constat sociologique dont les symptômes évidents sont nombreux et quotidiens.

Certes, dans les interviews effectuées pour les études évoquées plus haut, les valeurs boudées par les populations ne sont pas décrites comme des valeurs masculines, mais les valeurs souhaitées en remplacement, - valeurs alternatives de gouvernement et de gestion – correspondent bien à ce que nous appelons les valeurs féminines, matri-harmoniques.

Si notre hypothèse est juste, une véritable révolution culturelle se profile à l'horizon des prochaines années, en Europe de l'Ouest. Cette mutation touchera toute la population, dans ses attitudes, ses jugements et ses comportements interpersonnels ou professionnels. En outre, les effets de cette mutation modifieront les structures mêmes de l'organisation sociale et économique de notre société ainsi que la gestion du pouvoir au sein de ces structures.

Le déclin des valeurs traditionnelles de l'État et des institutions

Socialement, l'un des aspects les plus dramatiques du changement culturel que nous observons est le déclin de l'image de l'État et des institutions auprès des citoyens d'Europe de l'Ouest.

Dans l'après-guerre, l'État et ses serviteurs, les fonctionnaires, sont à leur apogée, source de respect et d'autorité. L'État incarne la modernité. EDF, la SNCF, l'aviation civile, les PTT, les industries nationalisées, la Datar incarnent l'autorité et le respect de l'État. Ces administrations représentent l'efficacité et l'avenir de notre pays.

Aujourd'hui, l'évocation du service public, « symbole de modernité », provoque plutôt l'hilarité chez ceux qui ne sont que les usagers de ce service. La déférence vis-à-vis de l'État, sa centralisation, sa hiérarchie, ses certitudes a fait place à des valeurs culturelles très différentes : la décentralisation, le respect du consommateur/arbitre, l'égalitarisme et, sur un plan plus psychologique, le scepticisme.

Aujourd'hui, les institutions symbolisent l'inverse de ce qui fit leur gloire autrefois : inefficacité, corporatisme outrancier, défense des acquis à une époque de changement, de turbulences et d'incertitude.

La persistance de la récession et l'impuissance des gouvernements face à cette constante défavorable ont engendré une déception générale envers les institutions. Non seulement envers les politiciens ou les administrateurs, mais aussi envers tout ce qui a pignon sur rue en termes d'organisation de notre société : chacun de ses piliers est ou a été ébranlé par un scandale majeur, une affaire crapuleuse ou lamentable, une insoumission aux règles dites applicables à tous : la médecine, la science, la magistrature, les médias, les grandes banques et assurances, les grandes entreprises, qui échappe à cette liste noire ?

N'étant plus à taille humaine, les institutions sont perçues comme étant trop importantes, trop écrasantes pour s'intéresser aux problèmes individuels. On les trouve trop pragmatiques, sans éthique, sans foi et sans identité. Les organisations publiques et privées sont trop complexes, trop lointaines, trop technocratisées pour être appréhendées, et leurs valeurs reflètent ce constat du public. Ces entités sont désormais présentées quotidiennement dans les médias comme de grandes structures inefficaces malgré leur « réalisme », incapables de prévoir malgré leur programmation et leurs plans, et inaptes à donner un sens à ce qui arrive à la population. Et ce, au moment même où face à l'imprévisible, chacun éprouve le besoin que l'État et les institutions soient gérés avec des valeurs plus humaines, plus clairvoyantes et plus visionnaires.

Tant que ces institutions remplissaient correctement leurs missions sociale, économique ou scientifique, avec des règles du jeu relativement fédératrices, les valeurs de ces institutions n'étaient pas critiquées. La remise en cause de ces organisations survient lorsqu'il y a des échecs visibles, des dérapages moraux, des erreurs d'éthique, des abus de pouvoir. Ces manquements graves indiquent au public, qui le perçoit immédiatement, que les valeurs de ceux à qui l'on a délégué un réel capital de confiance n'ont pas été mises en œuvre pour traiter les problèmes de la société mais semblent, au contraire, être détournées au profit de ceux qui disposent des leviers de fonctionnement de la société.

Qui sont ces « gestionnaires » dont les valeurs semblent être mises en cause ? Ce sont toutes les catégories de personnes en position d'agir sur les mécanismes socio-politiques et socio-économiques du pouvoir, ou encore les personnes qui tentent de conquérir ce même pouvoir.

Leur fonction générale est perçue comme la gestion pragmatique, au jour le jour, du système social, économique, scientifique ou politique. Leurs territoires sont repérés comme l'appareil socio-économique étatique ou privé, la loi et les réglementations conçues comme des terrains conflictuels où il leur faut conquérir et préserver les postes clés. Leur légitimité est institutionnelle. Mais ces gestionnaires si critiqués dans nos enquêtes sont considérés comme issus d'un rituel sélectif et électif formel qui les désigne comme des représentants officiels des intérêts d'un groupe constitué. Ils sont là pour que leur activité se déroule selon des processus ordonnés et non désordonnés… De plus, l'ensemble du système est critiqué pour ses valeurs désuètes.

Aujourd'hui, il y a divorce entre les valeurs quantitatives de ceux qui gouvernent et dirigent (l'État, les entreprises) et les valeurs qualitatives (le mode de vie) des individus. Fragilisés par les crises successives de nos sociétés, ceux-ci se sentent moins aptes à affronter seuls un monde dangereux, incertain, désordonné. Ils attendent, ils souhaiteraient, un traitement humain, affectif et aussi efficace. Ils attendent, ils souhaiteraient aussi le respect de leur individualité et des valeurs qui prennent en compte les difficultés de la vie quotidienne, les problèmes de travail, d'éducation, de retraite et non exclusivement les valeurs de performance, de nécessité ou d'efficacité économiques.

Le pouvoir politique face à des valeurs sociales qui bougent

Le monde politique semble être, dans ses comportements, un secteur en déclin : défensif, conservateur, nostalgique et surtout dépassé par les événements provoqués par les crises économiques et sociales.

Incapable de générer des idées nouvelles ou pratiques, attirant de moins en moins de jeunes avec ses déclarations à l'emporte-pièce, la politique est probablement le secteur de la société qui montre le moins de capacité à apprendre. Et ce n'est pas par hasard.

Le monde politique reste dominé par des hommes et des valeurs patriarcales. Il est résistant aux technologies nouvelles et enraciné dans une logique binaire gauche/droite, majorité/opposition.

Notre société a changé, mais le secteur politique, lui, n'a pas suivi. Ce ne sont pas quelques politiciens véreux ou brebis galeuses de l'appareil politique qui sont responsables du déclin de son image, mais un véritable déphasage entre le monde politique et le reste de la société.

Résultat ? L'intérêt de plus en plus faible que les citoyens lui portent, car ils sont de moins en moins prêts à trouver leur identité dans les partis politiques ou l'appareil d'État.

Si les valeurs et les caractéristiques de la société française dans les années 50 étaient le respect de la hiérarchie en place, les certitudes politiques, l'homogénéité des classes et de leurs valeurs, la centralisation de l'État, aujourd'hui, les choses ont bien changé : l'égalitarisme, le droit à la diversité, l'acceptation des incertitudes, la décentralisation sont les valeurs dominantes. Ce déplacement a eu un effet majeur sur la façon dont notre société fonctionne. Elle ne peut plus être dirigée d'un seul point, centralisé, mais de points multiples, à travers les réseaux disparates qui composent la société. Les centres d'autorité, les institutions au sommet de l'État, le monde politique, tous ont vu leur pouvoir diminuer. Désormais, le pouvoir est partout, « délocalisé » ; le cœur de l'environnement politique contemporain a donc lui aussi changé. Aujourd'hui, quelle que soit l'origine ou la tendance politique, toutes les figures d'autorité sont en crise du fait de la démobilisation ou de l'indifférence des publics ; et plus encore celles qui se réfèrent aux valeurs traditionnelles et aux représentations masculines du pouvoir.

Aujourd'hui, pour influencer et peser sur les événements, le pouvoir politique doit traiter de questions relatives à des individus rassemblés en groupes, en centres d'intérêt et en clans organisés pour promouvoir leurs intérêts spécifiques ou locaux. Qu'il s'agisse d'un hobby, d'une maladie, d'une obsession culturelle ou d'un goût culinaire, chaque intérêt, même le plus privé et autrefois intime, peut aujourd'hui trouver son expression dans un groupe organisé et actif. Le résultat en est un kaléidoscope d'activités et d'organisations dont l'Hôtel Matignon n'est que l'un des sites !

Cinq critiques majeures s'adressent aux politiciens.

La première a trait à l'*idéologie,* traditionnellement conceptualisée en philosophie politique par les hommes. Aujourd'hui, à cet égard, l'autorité politique semble avoir perdu son intérêt « spirituel ».

La seconde plainte porte sur l'*intelligence* des techno-gestionnaires qui n'ont su ni prévoir, ni expliquer la récession économique et la crise sociale.

La troisième concerne l'absence de *savoir-faire* qui résulte d'u constat pragmatique : « Les choses ne s'arrangent pas » ; « Ils ne savent plus quoi faire ».

Plus alarmant peut-être est la perte de *respectabilité,* aggravée par les affaires qui laissent la porte ouverte aux médisances : « tous pareils... », promesses électorales non tenues, etc.

Cette réprobation touche enfin aux *valeurs* traditionnellement masculines (valeurs d'efficacité performante, objectifs de conquête et croissance, certitudes du style

« Nous avons raison... ») qui fondaient, jusqu'ici, la crédibilité du chef et de son parti.

D'ores et déjà, la légitimité du pouvoir dirigeant se fond dans un consensus par défaut, consensus mou et vide de sens, dont le principe est : « Qui ne dit mot consent. » Car, de fait, la nécessité de gouverner sans à-coups et de n'afficher aucun programme sous peine de créer une polémique est peut-être pragmatique, mais elle sape les valeurs traditionnellement masculines d'autorité tranchée et volontariste. Le pouvoir politique opère davantage par prudence, agissant dans la discrétion, par petites touches presque imperceptibles, de peur d'inquiéter. Le corollaire en est une quasi-impossibilité de demander aux individus de se mobiliser et de faire des efforts ! Au nom de quel danger ou de quelle difficulté ? On est loin de l'intransigeance gaullienne ou de l'autorité du chef sertie de son bon droit.

Ce pouvoir politique avance donc empiriquement, par essais-erreurs, sans bruit, à l'abri de ce consensus mou, prêt à reculer au moindre antagonisme, fragilisé par la plus symbolique des manifestations, toujours soucieux de ne pas troubler la surface paisible (?) du paysage social dont, à vrai dire, personne ne sait plus très bien de quel bois il est fait...

Il en résulte évidemment une image d'incertitude et de faiblesse de caractère que les individus perçoivent tout à fait : à l'abri d'une gestion quotidienne pragmatique, les dirigeants politiques s'efforcent de rassurer par une image de modestie laborieuse. En évitant les risques de polémiques sur le changement, ils abandonnent le leadership. En l'absence d'un projet de société, ils n'apparaissent plus comme des guides de la nation en progrès, mais comme les administrateurs des affaires courantes. On renie l'affirmation péremptoire, on laisse aux oubliettes la vision d'une idéologie globalement explicative. Cette attitude vis-à-vis de l'exercice des responsabilités politiques s'éloigne donc nettement des valeurs traditionnelles du pouvoir masculin que sont l'autoritarisme, l'intransigeance volontaire, le débat conflictuel, l'ambition conquérante. L'essentiel est de « tenir » !

Mais cette attitude ne se rapproche pas non plus d'un nouveau modèle de pouvoir de valeurs féminines ! Ne s'agit-il pas plutôt d'une autorité masculine dégradée ?

Le piège est là, en l'absence de tout véritable débat social, en période de grande indifférence parce que de déception. Lorsque les populations préfèrent les divertissements, les variétés ou le sport à la télévision, les leaders politiques gagnent en popularité par leur caractère non déstabilisateur ; mais dès que s'instaure une véritable dialectique ou un problème social, économique et que s'imposent alors des choix difficiles, ce même modèle perd ses capacités mobilisatrices et son leader, entre deux chaises, s'apparente à un non-chef (en référence aux traditionnelles valeurs masculines) sans être capable pour autant de s'appuyer sur une nouvelle norme virtuelle d'autorité féminine.

Un nouveau modèle de leadership politique est donc à inventer pour accompagner nos sociétés et leur évolution sociologique. Je crois sincèrement qu'un modèle alternatif s'appuyant sur les valeurs féminines correspond plus et mieux aux attentes, aux besoins et aux motivations d'une majorité de la population. Mais il y a du chemin à faire, dans notre pays en particulier, aux traditions si bien ancrées…

En 1630, Richelieu s'adressait au Roi pour souligner la nécessité de développer « la vertu masculine dans la prise de décision rationnelle ». En 1945, Michel Debré, futur Premier ministre, écrivait, dans l'introduction des textes fondateurs de l'ENA : « L'aptitude au commandement et la capacité de traiter des affaires importantes […] ne sont pas des éléments qu'on peut généralement trouver parmi les qualités féminines. » Implicitement, dans ces deux citations, se trouve la clé du problème qui freine l'évolution de nos partis politiques.

Les valeurs masculines, supposées naturelles, sont la rationalité, l'objectivité, la logique et la régularité comme autant de preuves de supériorité dans l'art de gouverner. Les leaders politiques se délectent à nous le dire : « La politique, c'est l'art du possible. » Mais l'arrivée d'une alternative de valeurs féminines risque bel et bien de redéfinir et de remettre en cause ce qui est considéré comme « généralement » possible. Car aujourd'hui la politique et les valeurs qui l'accompagnent sont à la fois issues et protagonistes d'un ensemble d'infrastructures sociales, économiques, pédagogiques. Cet héritage impose des situations où le maintien du statu quo est plus important que le changement. Ainsi, ces incontournables valeurs dominantes limitent le possible à un minimum, bien loin du préférable au nom duquel il faudrait changer toute l'infrastructure laborieusement mise en place, du cardinal Richelieu à Michel Debré, infrastructure aujourd'hui incarnée par les techno-gestionnaires…

Nous avons vu que se profile pourtant une véritable révolution culturelle qui va changer l'attitude des populations dans leur imaginaire, dans leurs relations interpersonnelles et professionnelles et dans leur comportement vis-à-vis de la gestion des gouvernements politiques. On attendra moins de l'élu des talents de pugnacité agressive, de polémiste conquérant, d'opposant systématique (« puisque c'est la ligne du parti »), mais davantage de contrôle de soi, de volonté d'harmoniser les situations conflictuelles et, surtout, une capacité de synthèse à base d'écoute et de réel dialogue avec les personnes sur leurs préoccupations et leurs inquiétudes.

Celles-ci attendent une autorité d'arbitrage, une compréhension des points de vue opposés et un talent à fédérer les contraires. Ainsi d'une autorité « battante » masculine, on passe à une autorité plus féminine de réunion, de patience et de recherche d'harmonie. On demandera au politique de se conduire moins comme un militant sûr de lui et décideur solitaire, mais de plus en plus comme un fédérateur des aspirations collectives, animateur d'un consensus positif entre le parti et ceux qui le constituent. On aspirera de moins en moins à un autoritarisme centralisé et intransigeant, et de plus en plus à un catalyseur qui intègre les différentes nécessités par l'écoute, réussissant ensuite la mobilisation collective des énergies. À l'écoute, mais néanmoins volontariste, pour imposer à des partenaires une obligation de mobilisation par un consensus dynamique et une confiance active.

On accordera moins de crédit à un dirigeant politique technocrate brillant, à l'esprit analytique et « mécanique » ayant l'expérience des rouages de la machine étatique qu'à un élu incarnant une véritable philosophie sociale, une éthique réellement appliquée, capable de proposer avec tolérance et conviction un vrai projet.

On aura moins confiance en des gestionnaires issus d'une élite, enfermés dans leur tour d'ivoire du septième arrondissement, coupés de la réalité perçue seulement via les résultats des sondages ou les indices chiffrés, porte-paroles des « grands équilibres » et du toujours « possible ».

En revanche, on attend celui qui sera le reflet et se fera l'écho des préoccupations quotidiennes du citoyen moyen capable alors d'élaborer un consensus.

Alors que la culture masculine investit l'homme politique d'un droit de décision sans autre justification que hiérarchique, les valeurs féminines, au contraire, reconnaissent à chacun un rôle fonctionnel utile et nécessaire de décision dont la finalité est un arbitrage patient en faveur d'un équilibre collectif.

Cependant, ce dirigeant, homme ou femme, porteur de valeurs culturellement dites féminines, doit être un leader. L'erreur serait de confondre consensus et mollesse, écoute et indécision, patience de gestation et attentisme, concertation et vacillement, charisme affectif et sentimentalisme.

Le leader « matri-harmonique » rassure et en impose tout à la fois, capable de générer la mobilisation plutôt que d'appliquer la coercition, force d'animation plutôt que d'encadrement, psychologique plutôt que force physique…

Dans les années 80, la glorification des réussites financières, des Golden Boys, de l'impératif de résultats à tous prix pour les entreprises, en accord avec les médias et les discours intrépides des Chambres de commerce, ont favorisé les valeurs masculines d'un certain type.

Ces valeurs exaltaient alors le perfectionnisme professionnel. Les composants de cet état d'esprit parfait (pour les années 80…) étaient l'agressivité commerciale, le sens de la compétition, l'aptitude à être un gagnant, à chercher les défis, les challenges difficiles pour montrer son « excellence », mot très à la mode à l'époque. L'idéal de ce professionnalisme était d'être une sorte d'ordinateur humain, une machine performante – autre mot à la mode en 1980 –, efficace, volontiers brutale, en tout cas imperméable aux sentiments ou aux scrupules humains.

Le progrès pour ce professionnel semblable à un sportif de haut niveau (voyez d'ailleurs le vocabulaire des médias) était d'améliorer continuellement ses performances pour dépasser les limites. *Sic.* Priorité que l'on retrouve dans ces années dominées par les réussites et les échecs les plus brutaux, les plus extrêmes. Un vrai ring…

La compétition entre les entreprises qui poursuivaient chacune ses propres intérêts était considérée comme acceptable, non seulement parce que c'était une excellente manière de stimuler les entreprises, et donc l'économie, mais aussi parce qu'ainsi, disait-on, la meilleure manière de promouvoir le bien commun dans la société passe par la croissance du PNB. En un mot, la prospérité pour tous.

En 1970, le pape du monétarisme, Milton Friedman, dans son livre *Capitalisme et liberté,* n'a-t-il pas écrit que « la responsabilité sociale était d'augmenter les bénéfices et le rôle du manager de gagner autant que possible pour les actionnaires de l'entreprise » ? L'absence de tout considérant d'ordre social ou d'effets sur l'emploi de cette phrase est exemplaire de toute absence de référence aux valeurs féminines !

Pour le meilleur ou pour le pire, nous vivons aujourd'hui une véritable rupture. Non seulement la récession économique résiste au traitement de ceux qui ont, dit-on, le meilleur QI en France (leurs diplômes sont là pour le prouver), mais aussi, et dans la foulée, la crise sociale, la crise de l'emploi, la crise technologique et la crise culturelle vont de concert. Que cela soit justifié ou non, les populations critiquent les politiques et les valeurs qui ont entraîné cet état de fait.

Les raisons de cette rupture, il est vrai, sont nombreuses ; parmi les plus importantes, la déstabilisation des prix et des marchés due à la concurrence internationale. Les coûts comparatifs de la main-d'œuvre conduisent à une analyse logique et froide entraînant des délocalisations de secteurs industriels entiers. On ne peut non plus passer sous silence les déséquilibres ou les bouleversements drastiques consécutifs aux crises financières ou boursières dont les répercussions sont mondiales. Ni, à une échelle différente, la pénétration de l'informatique et la robotisation qui ont profondément modifié l'organisation et les projets d'entreprise ainsi que l'équilibre du management humain. Le plein emploi à vie, qui a été pendant des décennies une constante non remise en cause, s'est révélé brusquement caduc, illusion meurtrissante pour des millions d'individus. Les effets de ces chocs successifs et entremêlés ont modifié notre façon de voir l'économie, les entreprises, l'esprit entrepreneurial. Le regard a changé, la vie quotidienne a changé.

Le management face à des valeurs sociales qui bougent

Les déstructurations, dégraissages, plans sociaux et autres concentrations n'ont pas seulement eu pour effet de mettre au chômage des milliers de personnes, mais aussi de traumatiser ceux qui restent dans les entreprises à cause de la disparition de leurs collègues ou des sites qui ferment. Sans oublier la possibilité que cela pourrait bien leur arriver si d'autres élagages se pointaient à l'horizon…

Dans une étude de l'American Management Association effectuée en 1996 dans les entreprises ayant procédé à des réductions de personnel depuis les cinq dernières années, toutes soulignent l'effet dévastateur de ces *downsizings* et la difficulté de remobiliser le personnel par des exhortations du management faisant appel aux valeurs très masculines d'esprit d'entreprise, de nouvelle compétitivité ou d'agressivité commerciale.

Dans ce même rapport de l'AMA, quatre cents cadres moyens ont donné leur point de vue sur le *reengineering*, les dégraissages ou le changement d'activité. Un tiers d'entre eux ne croient plus à l'honnêteté ou aux valeurs de leur entreprise. Environ 60 % des interviewés ne croient plus à ce que leurs supérieurs affirment. Ceci pèsera lourd, et pour longtemps encore, dans le redémarrage des organisations et a pour résultat une perte de *lead-time*, c'est-à-dire d'avance sur la concurrence en productivité, innovation et critères de qualité. Toujours dans le même rapport, un tiers seulement des trois mille entreprises étudiées ayant dégraissé au cours des cinq dernières années ont augmenté leurs bénéfices.

Quelle conclusion peut-on en tirer ? Que le management, pendant la récession et la crise économique, obéit à des valeurs masculines ou à des valeurs typiques de la société masculine : on privilégie la tonicité de l'organisation plutôt que la survie de ses membres. On adopte comme critères premiers de bonne santé des références strictement quantitatives plutôt qu'une vision stratégique à moyen terme, ou celle beaucoup proclamée dans les années 80 selon laquelle « la richesse de l'entreprise » est formée de ses composantes humaines… Ainsi, en cas de problème, on préfère l'amputation chirurgicale à un traitement médical. L'une des qualités que l'on demande à un grand chef n'est-elle pas d'être un « tueur » capable de savoir trancher dans le vif ?

Au cours de ces dernières années, les plus touchés par les dégraissages ont été les cadres moyens parce qu'ils n'étaient pas assez opérationnels ou qu'ils n'étaient que des ponts de transmission entre la direction et la base. Aujourd'hui on découvre qu'ils avaient, entre autres qualités, celle d'être des lubrifiants humains, qui non seulement mettaient en effet de l'huile dans les rouages des relations humaines, mais favorisaient aussi l'éclosion du talent du personnel sous leurs ordres.

Aujourd'hui, avec moins de ces catalyseurs dans l'entreprise, il est plus difficile d'encourager les jeunes employés, de motiver les ambitieux et de pousser ceux qui ont du talent à un travail d'équipe.

Ce qui est important également aujourd'hui, c'est que les entreprises qui ont été gérées avec cette dureté virile ne peuvent que difficilement demander à leurs collaborateurs fidélité, attachement et zèle, à moins de transformer les relations de travail sur un mode plus affectif, plus humain et, pour tout dire, culturellement plus féminin, permettant à nouveau à la fidélité, à l'attachement ou au zèle de reprendre droit de cité…

Un autre point saillant est la diminution des cols bleus, y compris dans les entreprises industrielles. Cette classe ouvrière fournissait à de nombreuses entreprises les valeurs de leur culture. Par ses valeurs masculines de force physique, de courage, d'effort et de fierté, elle a profondément marqué les grandes entreprises sidérurgiques et de charbonnage, par exemple. Elle a marqué aussi par leur respect du chef, l'acceptation de la hiérarchie. Et le management, imprégné de ces valeurs, les a reflétées dans la vie professionnelle. Aujourd'hui, dans ces mêmes industries, il y a bien sûr des ouvriers, mais ils sont installés aux commandes d'une console, agissant avec une application patiente à la coordination d'éléments disparates plutôt que fournissant des efforts physiques. Les qualités requises y sont moins la musculature que la matière grise…

On cherche à imaginer de nouveaux modèles de management adaptés à leur époque et aux nouvelles technologies, dont les principes de fonctionnement sont en rupture avec la pensée mono-optique rationaliste – pensée unique –, la planification brutale, la hiérarchie pyramidale et l'individualisme compétitif.

Selon le concept de l'entreprise « agile » (pour mieux s'adapter aux turbulences du marché, de l'économie, de la concurrence, etc.), l'organisation doit se concentrer sur ce qu'elle sait le mieux faire et sous-traiter le reste de ses activités à un réseau. Agilité et souplesse dans la réactivité : elle développera donc les relations interpersonnelles directes ou médiatisées, indispensables au bon fonctionnement de tout réseau. Ces liens, pour être réellement efficaces, doivent être aussi basés sur l'affect, le convivial, et surtout une notion de confiance dans les autres partenaires du réseau. Ainsi se profilent les éléments indicateurs d'une véritable révolution culturelle dans l'utilisation du pouvoir dans les organisations. C'est un management basé sur *la persuasion convaincante*, plutôt que sur le passage en force, qui va être de plus en plus nécessaire. Dans cet esprit, *l'implication affective* apparaît comme un meilleur levier de mobilisation d'éléments disparates et distanciés dans l'espace que la raison pure ou l'objectivité froide des bilans de performance. Ainsi, aujourd'hui déjà, mais a fortiori demain, l'influence subtile et oblique s'avérera-t-elle plus efficace qu'une autorité légitime, mais intransigeante pour déclencher et obtenir des efforts des personnels. En d'autres termes, des principes et des pratiques plus féminins que masculins commencent à proposer une alternative efficace dans la direction et le fonctionnement des organisations de toutes sortes, à la recherche de meilleurs résultats.

L'approche traditionnellement masculine d'influence et de pouvoir présente, dans la conjoncture actuelle et dans l'avenir sociologique à moyen terme, l'inconvénient de ne pas stimuler l'intelligence (« Faites ce que l'on vous dit ») ni l'initiative (« Vous n'êtes pas là pour ça »), pas plus que la réactivité nécessaire aujourd'hui à des organisations ayant à faire face à une concurrence redoutable. De plus, les qualités attribuées essentiellement à l'homme - la force physique et la rationalité - sont désormais mieux assumées par des robots ou des ordinateurs obéissants et, de surcroît, intelligents !

De ce fait, la rationalité froide, l'objectivité étroite, la *tunnel-vision* (vision à faisceau étroit) et une logique rigide basée sur des statistiques deviendront de moins en moins efficaces dans des environnements sociaux, politiques, économiques et professionnels de plus en plus instables. Dans ces domaines, il devient plus facile de prévoir une diminution de l'importance des valeurs masculines au profit de valeurs féminines jusqu'alors laissées en jachère parce que considérées par tous comme étrangères à l'entreprise ou à l'État.

La mise en cause de l'économie libérale et de l'économie de marché

Le monde des affaires des années 80 a été marqué par l'idée du progrès de la civilisation occidentale en marche (opposée aux civilisations de l'autre côté du rideau de fer), censée apporter le bonheur et la prospérité aux peuples ayant la chance d'être dans son domaine d'influence.

On a vécu sur l'idée qu'un libéralisme économique performant est le seul système viable face au dogmatisme du bloc communiste. Aujourd'hui cette idéologie dépassée est d'autant plus remise en cause que la crise économique et la longue récession en Europe de l'Ouest ont démontré le réalisme triomphant face à la concurrence internationale. Non seulement les délocalisations, voire la disparition pure et simple de pans entiers de l'économie, mais aussi le libre jeu du marché ont été le théâtre sur lequel ont évolué des acteurs peu perspicaces, sinon peu scrupuleux, prenant des risques inconsidérés, confondant parfois les intérêts publics et privés (Crédit Lyonnais, Comptoir des Entrepreneurs, GAN, etc.).

Au moment où le chômage s'installe durablement en Europe, les citoyens ont le sentiment d'être progressivement éloignés des décisions économiques qui les touchent, au profit d'autres : technocrates soucieux de cacher leurs erreurs, grands prédateurs internationaux retirant leurs jetons de l'industrie et de l'économie dès qu'une meilleure proposition leur est faite, organisateurs de grands mouvements financiers, traités de « spéculateurs sans sentiments » par des chefs d'État peu soucieux par ailleurs de générosité ! Certains grands hommes d'affaires, figures de proue masculines du néo-libéralisme des années 80 – Bernard Tapie, Mario Conde, Silvio Berlusconi – sont en quelque sorte la preuve pour les citoyens d'Europe de l'Ouest que l'individualisme s'appuyant sur des valeurs masculines d'indépendance d'esprit, de volonté, de courage, de confrontation et de vigueur, tant valorisé une décennie plus tôt, est aujourd'hui revu à la baisse. L'image de l'entrepreneur est entachée de soupçons, tout comme le libéralisme d'ailleurs, car la primauté des valeurs économiques typiquement masculines (le *bottom-line*, le « C'est ça et rien d'autre qui compte ») conduit à des fractures sociales, au chômage, à l'exclusion, à la délinquance. Autant de facteurs propres à mettre en cause non seulement les gains économiques mais aussi l'harmonie sociale et l'équilibre subtil de la société.

On dit que peu de choses ont irrité Margaret Thatcher autant que l'hostilité de la gauche vis-à-vis des valeurs de l'entreprise. Aujourd'hui, en Grande-Bretagne comme en France, il semble que les populations ne sont guère plus confiantes dans leur capacité à faire prospérer leurs employés et leur environnement immédiat.

En 1988, MORI, une société d'études britannique, a conduit une étude dans laquelle une majorité d'interviewés considéraient que la Grande-Bretagne était capitaliste et que la création de richesses était plus importante que de « s'occuper d'autres choses ». À cette époque cependant, seulement 43 % de l'échantillon souhaitaient que le pays soit capitaliste, contre 49 % préférant une société dans laquelle l'intérêt public serait protégé par une économie mieux contrôlée.

En 1993, une étude menée par le même organisme souligne que seulement 27 % des interviewés pensent que les profits des capitalistes/entrepreneurs apportent des bénéfices au public, mais 32 % de ce même échantillon considèrent que les entrepreneurs contribuent au bien de la société (les plombiers obtiennent d'ailleurs le même score...).

Le problème est quelque peu en porte-à-faux.

D'un côté une société non égalitaire dans laquelle l'écart entre ceux qui travaillent et ceux qui ont le malheur d'être au chômage est important, en termes non seulement de revenus mais aussi de statut social. Ne pas travailler, c'est être en dehors de la société. Et ceci inquiète évidemment aussi ceux qui travaillent, mais qui craignent une diminution des emplois. À l'opposé de cette perception, vécue quotidiennement par des millions d'Européens, les médias véhiculent la vision d'une expansion de l'économie globale internationale où le leitmotiv semble être « faire plus, moins cher ». Comme cette expansion n'est pas réellement évidente pour le citoyen européen moyen, cette croissance qui se passe « ailleurs » est de plus en plus perçue comme un instrument inconscient destiné à réduire la cohérence de notre société, un instrument insensible aux inquiétudes manifestes de ceux qui travaillent. Voilà pourquoi cette progression semble inhumaine.

De plus, des facteurs typiquement français, les valeurs masculines de rationalité impeccable ont aggravé le désarroi en France. La modernisation de notre pays a toujours été essentiellement conçue en termes économiques, en plans quinquennaux, en schémas de la Datar, sans considération réelle pour les effets qu'elle pourrait avoir sur les gens, sur la société. Il va de soi que les serviteurs de l'État qui mettaient en route, avec brio souvent, ces grands aménagements étaient convaincus que leurs efforts étaient dans l'intérêt de tout le monde et pas seulement au service d'un État. Mais les priorités inculquées par leur éducation et leur fonction privilégient plus naturellement les structures et le fonctionnement quantitatif de leurs chantiers que les effets sur la qualité de vie des citoyens. Ce manque à gagner en reconnaissance de la population est le résultat d'un dédain (tout à fait masculin) propre aux technocrates incapables, en dépit de toutes leurs qualités intellectuelles, de se mettre au niveau des gens ordinaires, pour expliquer et faire comprendre les actions envisagées. Il ne s'agit pas seulement de faire intelligemment ; encore faut-il être compris pour ne pas voir se lever les résistances actives ou passives aux projets d'une administration toute-puissante, mais formidablement solitaire…

CHAPITRE 3

Valeurs dominantes masculines : la remise en cause des dirigeants politiques

Après l'opposition de principe et la contestation de leurs programmes, les dirigeants politiques ont à affronter plus grave difficulté encore : le déni de confiance. Comment, dans ces conditions, mobiliser à nouveau le corps social ? Telle est la question ouverte aujourd'hui. La réponse implique une alternative aux usages et aux réflexes traditionnels, désormais caducs et inopérants.

Que ce soit en France, en Grande-Bretagne ou en Italie, on observe partout, on l'a vu, une remise en cause du pouvoir de l'État, des institutions et de leurs dirigeants. La culture dominante des « gens au pouvoir » avec leur rationalité, leur logique, leur mode de pensée « juste » – ce sont eux qui l'affirment – ne sont plus à même de mobiliser le corps social. Car ces valeurs considérées autrefois comme dominantes sont aujourd'hui récusées : dans nos études, le déni de confiance est partout confirmé.

À ce stade, on est évidemment très loin de la critique ou de la contestation des programmes, pratiques constantes et traditionnelles du jeu démocratique. Dire du mal, critiquer ou réprouver l'action du pouvoir politique en place fait partie de la culture des pays d'Europe de l'Ouest. C'est le rôle de toute opposition et de ceux qui se considèrent comme faisant partie de cette opposition de contester, de manifester. Une réaction souvent a priori, parfois plus de l'ordre du réflexe que de la réflexion. Examiner, analyser, contester, ralentir, modifier, surveiller, tout cela est bel et bien le rôle de l'opposition, et les médias d'opinion participent à cette critique. En général d'ailleurs, la population n'intervient pas dans cette chorégraphie, dans ces jeux de rôles prévus à l'avance.

L'opposition de principe n'est cependant qu'un simple contrepoids : le pouvoir est interpellé, certes, mais l'éthique et les valeurs des dirigeants ne sont pas mises en cause en tant que telles.

Une deuxième étape dans la critique du pouvoir est celle de la contestation des programmes. Cette réaction est plus sérieuse pour le pouvoir installé lorsqu'il y a rejet d'un projet ou d'une décision. Manifestations ou grèves peuvent alors conduire au blocage du fonctionnement de l'État. Cependant, cette fois encore, ces réactions ne remettent pas en cause le pouvoir lui-même, pas plus d'ailleurs que sa légitimité ou ses valeurs de base, mais freinent ou contrarient simplement la volonté d'action que les dirigeants entendent mettre en œuvre.

C'est alors la négociation qui prend la relève, un compromis est trouvé et le pays entre à nouveau dans une période de *modus vivendi*, quelquefois sous le regard critique de certains, mais sans effets néfastes pour la majorité de ceux qui sont au pouvoir.

La troisième étape, nettement plus grave, est le déni de confiance fondé sur la remise en cause de la légitimité des gouvernants. Au-delà des décisions tactiques ici ou des projets stratégiques là, il s'agit alors d'un désaveu qui attaque la nature même des dirigeants au pouvoir, ainsi que les valeurs dont ils sont porteurs. L'objectif – annoncé ou non – est bien de les changer.

Ainsi en arrive-t-on à un point où la crise de confiance est totale et sans appel. C'est clairement ce que l'on a pu observer à la fin de la période Juppé. La crise de confiance concernait aussi bien les dirigeants au pouvoir, les institutions et la quasi-totalité de la classe politique, les partis d'opposition ne semblant pas offrir de compétences ou de valeurs différentes de la majorité en place.

Quant aux institutions, j'aimerais ajouter quelques mots : les syndicats sont en déclin ou abandonnent leur rôle de dialectique avec le patronat. Le patronat, divisé sous les effets de la récession et de la crise, a perdu de sa crédibilité et de son pouvoir mobilisateur. La justice et sa lenteur, le non-respect du secret de l'instruction affaiblissent son image. Celle du corps médical fragilisé depuis l'affaire du sang contaminé, le scandale de l'ARC, les critiques sur les comptes de la Sécurité sociale sont autant d'indicateurs de remises en cause de valeurs de base. Les grandes banques, les compagnies d'assurances françaises sont accusées d'avoir une gestion incompétente ; pour le magazine *Fortune* (août 1996), le Crédit Lyonnais serait « l'arnaque du siècle ».

Les recherches menées au CCA et les diagnostics que nous en tirons confirment le déclin du pouvoir, *des* pouvoirs, aux yeux de la majorité de la population.

Tenus en échec par la crise prolongée dont ils ne semblent ni comprendre les causes, ni connaître les remèdes, les dirigeants de l'État, les institutions et l'appareil politique sont perçus, semble-t-il, comme incapables de penser juste, de calculer juste ou de viser juste dans un contexte d'incertitudes profondes. Ils perdent, semble-t-il, leur légitimité sociologique tout en conservant leur légitimité institutionnelle formelle.

Alors – et voilà pourquoi - le corps social aspire à un renversement des valeurs et des compétences du pouvoir pour que celui-ci soit enfin capable de répondre aux nécessités imposées par les mutations de la société.

En conséquence, on recherche un nouveau leadership et des valeurs alternatives. Plus précisément, un leadership et des valeurs suffisamment fédérateurs pour pouvoir offrir un dénominateur commun à une société qui, elle, est morcelée et peut-être même perçue comme dangereuse. Un leadership et des valeurs suffisamment nouveaux pour pouvoir incarner aussi une alternative viable par rapport au système précédent ; pour pouvoir agir aussi comme catalyseurs d'une dynamique sociale convergeant davantage vers une société plus harmonieuse, plus équilibrée, plutôt que vers des modèles standardisés ou rationalisés, désormais caducs.

Quel changement de valeurs pour les pouvoirs dirigeants ?

Il y a mille ans, on considérait que, malgré des événements chaotiques à la surface de la société, il existait, de manière intrinsèque, un ordre cohérent et fondamental assuré par Dieu et la religion. Cela justifiait un certain fatalisme, mais aussi un optimisme inévitable que les choses, quoi qu'il arrive, finiraient par rentrer dans l'ordre.

Aujourd'hui, à l'aube du troisième millénaire, la perception de la société est inversée. Sous une apparence extérieure d'ordre, nos sociétés sont fondamentalement chaotiques et incohérentes. Et pourtant, depuis environ une centaine d'années, les détenteurs du pouvoir ont compris que la société aspirait à l'ordre, à l'équilibre, à tout… sauf le chaos ! C'est ainsi que la raison (ou la faculté de distinguer le bien et le mal, d'expliquer, de prouver ce qui est progrès ou ce qui est déclin) a pris une place prépondérante au sein des valeurs de notre culture.

Ainsi la raison est vertu, car elle structure le désordre et les actions rationnelles, c'est-à-dire celles qui sont justifiables vis-à-vis de la société. C'est d'ailleurs aux Grecs que l'on doit cette place triomphante donnée à la raison.

Mais cette préoccupation d'agir conformément à la raison a élevé cette dernière (la rationalité) au niveau de « super-critère » d'un bon gouvernement. Seulement, ce statut privilégié sépare *ipso facto* la raison d'autres références, d'autres caractéristiques humaines capitales, telles que l'émotion, l'intuition, la volonté et l'expérience. Serait-ce parce que ces éléments constitutifs et essentiels au comportement humain sont plus difficiles à simplifier, cerner et expliquer ?

Aujourd'hui, la raison ne structure pas seulement l'action du gouvernement, mais aussi celle des milieux économiques où les gestionnaires dits de qualité s'affirment libérés du poids des « considérations humaines ». Et malgré tout cela, comble d'ironie tout de même, une majorité des citoyens estiment que nous vivons une époque de chaos croissant. Pourquoi ?

Nourrie par la culture dominante, l'obsession d'efficacité, de performance, de mesures quantitatives a éloigné les gestionnaires publics (et privés) de valeurs bien plus difficiles à mesurer, telles que l'intuition, l'inspiration, l'instinct ou la prémonition.

La raison moderne veut des réponses simples, vraies ou fausses, noires ou blanches. Or, dans la réalité de nos cultures, il n'y a que complexité et ambiguïté, ce qui rend particulièrement difficile l'analyse rationnelle ! L'idée fixe d'objectivité tend à éloigner les éléments obscurs du champ d'analyse pour mieux se concentrer sur ce qui est clair. Le pilotage des affaires est exclusivement rationnel, logique, appuyé sur des chiffres, des statistiques et des calculs analytiques. Et dans cette ligne mécaniste, la productivité n'est qu'une question d'organisation logistique du matériel et de modélisation humaine, de normes dont il ne faut pas s'écarter, etc. Les règles, la standardisation, l'uniformisation et l'unification sont les enfants de cette démarche de simplification pour mieux contrôler. La raison, la rationalité sont des valeurs masculines puisque notre culture nous enseigne que les femmes ne sont pas raisonnables, pas rationnelles, insensées, émotives, et tous les stéréotypes bien connus que les *sitcoms* télévisées et la culture populaire entretiennent.

Et ce livre prétend qu'il faut changer ces valeurs masculines ? Impertinence ! Inconscience ! Folie !!!

En réalité, le projet est de déplacer le centre de gravité de notre culture dominante vers un terrain jusqu'alors en jachère : celui des valeurs féminines.

Aujourd'hui, ce n'est pas la légitimité institutionnelle des dirigeants au pouvoir qui est remise en cause, mais leurs valeurs et leur légitimité morale. Ce n'est pas leur autorité qui est contestée, mais leur incapacité à mobiliser un consensus à partir d'un dialogue social basé sur une véritable écoute des partenaires. Ce n'est pas leur savoir-faire qui provoque le déni de confiance, mais plutôt leur manière d'être et leur manière de faire.

Et dans ce désaveu, le plus important n'est pas le bilan de gestion qui affaiblit leur crédibilité, mais bien davantage l'absence de projet d'avenir pour faire converger et mobiliser les efforts de différents groupes sociaux en un véritable scénario de sortie de crise assorti nécessairement de valeurs nouvelles et adaptées à cette conjoncture difficile.

Il est clair que si ces remises en cause affaiblissent le pouvoir en place, rien ne prouve que les remplacer par un autre système fondé sur les valeurs féminines stopperait cet affaiblissement. Mais l'attente est bien là, celle d'un système de valeurs alternatives…

Quelle serait la nouvelle distribution de valeurs dans ce déplacement du centre de gravité vers les valeurs féminines ?

Revenons un instant à la juste raison. Et d'ailleurs comment la définir ? Ne serait-ce pas la recherche d'un équilibre entre la raison claire et triomphante et l'humain, entre l'intellect et l'affect, entre la réflexion et la spontanéité ? Or, aujourd'hui ne serait-elle pas plutôt un concentré de valeurs rationalistes, essentiellement intellectuelles, exprimées en huis clos, loin de la réalité du terrain où l'esprit d'analyse et les données uniquement quantifiables sont pris en compte ?

La mutation que j'appelle de mes vœux (et que j'observe déjà…) s'appuie sur d'autres considérants et par conséquent d'autres valeurs. Et notamment : évaluation multi-facettes avec nécessité d'un diagnostic des effets sociaux, économiques et moraux ; interactions des choix ; persuasion patiente pour obtenir une adhésion consensuelle de ceux qui sont concernés par les décisions en question ; influence incitative appliquée à des réseaux interactifs ; négociation plutôt que démonstration de puissance d'une hiérarchie campée sur son bon droit ; accompagnement des actions difficiles parce que complexes, par une démarche d'information et de recherche de compromis opérationnel ; partage de la prise de décision, avec consultation préalable des intéressés ; possibilité de liberté d'adaptation dans la mise en œuvre des décisions plutôt que menace coercitive ou récompense négociée après conflit. La liste n'est pas exhaustive !

En bref, l'opposé des valeurs masculines, du passage en force autoritaire, de l'excellence sans faille et sans faiblesse, de la volonté de pouvoir.

À la fin de la période du gouvernement Juppé, il est clair – et toutes nos études le confirment – que c'est bien un pouvoir à valeurs masculines qui dirige l'État, les institutions, la fonction publique. Ce pouvoir perd cependant de sa crédibilité parce qu'il ne montre ni direction, ni fil conducteur pour sortir de la crise. Il peut encore exercer une autorité apparente, en force s'il le désire, mais son autorité morale est sapée : la critique porte sur ses valeurs sociologiques et humaines et sur son incapacité à mobiliser les différents éléments de la population autour d'un consensus basé sur d'autres critères que la raison, la logique, l'intelligence et la bonne gestion.

Ce pouvoir a indiscutablement une légitimité institutionnelle et démocratique, mais la légitimité de ses valeurs et son éthique sont remises en cause. Les effets déstabilisateurs pour le pouvoir en place et une dynamique socioculturelle différente sont en route…

L'équipe au pouvoir actuel, sous la conduite de Lionel Jospin, a commencé par prendre acte, en quelque sorte, de cette contestation. Seul le temps dira si les réflexes usuels n'auront pas repris le dessus sans tarder… Il semble, à l'heure où nous écrivons ces lignes, que ces réflexes qui ont tout de même la peau dure depuis quelques centaines d'années, reprennent, si l'on peut dire, du poil de la bête, en dépit de la présence marquée de femmes à des postes clés… Mais on a bien précisé qu'il ne s'agissait pas de personnes, hommes ou femmes, mais de valeurs masculines ou féminines !

Je reste, pour ma part, persuadé que ces dernières vont peu à peu s'imposer, donnant naissance en France, dans la prochaine décennie, à un nouveau profil de dirigeants et à un nouveau mode de direction.

L'alternative, nécessaire, passera par les valeurs féminines.

CHAPITRE 4

Séquence pédagogique : deux scénarios pour demain

Deux extrapolations des tendances de société aujourd'hui en vigueur ; deux scénarios pour demain ; deux modèles fortement imprégnés des valeurs masculines. Imaginons, pour le plaisir de la démonstration, de les pousser au bout de leur logique. Ce sera l'objet des deux chapitres suivants. Mais avant d'imaginer d'entrer demain dans l'un ou dans l'autre, voyons la situation telle qu'elle se présente aujourd'hui.

Si l'on accepte une simplification un peu grossière, mais néanmoins exacte, il est possible de décrire nos sociétés occidentales d'aujourd'hui comme des terrains où s'affrontent deux dynamiques sociales et économiques. Toutes deux inspirées par les valeurs masculines correspondent à deux visions exprimées par nos concitoyens ; pourtant, elles s'opposent.

Le premier modèle s'incarne dans l'économie libérale, la croissance du PNB, la balance des paiements positive. Il trouve sa justification dans les lois du marché censées être irréfutables.

L'autre modèle, à l'opposé du précédent, redéfinit le progrès comme l'amélioration du bien-être du plus grand nombre et une sécurisation des plus faibles, au prix d'une faiblesse relative de la concurrence mondiale, d'un minimum d'agressivité et de volonté individuelle. Ce modèle trouve sa justification idéologique dans une sorte d'humanisme égalitaire.

Ces deux tendances contradictoires cohabitent aujourd'hui dans nos sociétés occidentales, et leur opposition crée de fortes turbulences sur le plan social. Mais leur présence dans les esprits des individus est très diverse selon les pays et leur histoire socio-économique.

Le premier modèle, le modèle libéral, est profondément ancré dans la mentalité des citoyens aux États-Unis, probablement à cause du mythe de l'*American dream*, et des valeurs bien masculines du *rugged individualism*. Renforcée depuis le redémarrage économique, cette tendance a le vent en poupe aux États-Unis et semble servir d'exemple comme solution de sortie de crise pour une large majorité de patrons et décideurs socio-économiques. À Denver en 1997, au G-7, le président Clinton l'a même désignée comme modèle à suivre aux chefs d'État européens…

Une minorité croissante d'Américains s'interroge cependant sur les conséquences sociales du système ultra-libéral, car environ 18 % de la population américaine vit au-dessous du seuil de précarité. Les revenus de 75 millions d'Américains étaient plus bas en 1996 qu'en 1966. Edward Luttwak, un éminent historien conservateur, très influent aux USA, a écrit dans un article du *Monde* du 5 juin 1995 : « Si les tendances actuelles continuent, les USA seront un pays du Tiers Monde pour une majorité de leurs citoyens. »

Il est vrai que les prévisions ne sont jamais que des pronostics, mais elles démontrent néanmoins une inquiétude non seulement chez les mal lotis du système libéral, mais aussi chez les leaders d'opinion, probablement d'ailleurs à cause des risques d'instabilité sociale.

Dans le deuxième modèle, que nous appellerons modèle égalitaire, sociologiquement majoritaire en Europe, c'est l'État qui joue le rôle de défenseur des citoyens, qui définit les règles du jeu économique et social, qui donne des impulsions et accompagne le marché. Ce modèle de société égalitaire, moins inspiré des valeurs masculines que le précédent, est néanmoins façonné par le formalisme, le juridisme, la lettre de la loi et, il faut l'admettre, une importante bureaucratie. Autant d'éléments issus des valeurs masculines.

L'une des attentes majeures des citoyens qui favorise le modèle égalitaire est la prise en charge, quoi qu'il advienne, d'une sécurité physique et psychologique optimale. Et l'antipathie des adeptes de ce modèle à l'égard du libéralisme ou de l'économie de marché est le sentiment de jungle inhumaine qu'ils en ont.

Si ce modèle égalitaire est sociologiquement majoritaire en Europe, tout au moins ses valeurs, nombreuses sont les critiques qu'il a à affronter : responsables politiques et économiques le jugent en effet irréaliste compte tenu des moyens de plus en plus restreints dont disposent les gouvernements pour sortir de la crise (recettes fiscales réduites, etc.).

Que ce soit sous l'influence de facteurs économiques, politiques et sociaux, et en partie aussi des tendances sociales évoquées dans le chapitre précédent, l'évolution et la progression de ces deux modèles opposés de société sont inévitables.

Le projet des deux chapitres suivants est de pousser plus loin les logiques de ces deux modèles, pour mieux saisir leur impact pour l'avenir, en termes de valeurs, de styles de vie, de styles de politique, de styles de gestion d'entreprise, etc. Dans cette extrapolation des deux systèmes, il s'agit de démontrer aussi comment les valeurs féminines pourraient atténuer les défauts des deux systèmes et en bonifier les avantages. Imaginer en quelque sorte une troisième voie, une autre alternative, inspirée des tendances actuelles de la montée des valeurs féminines dans notre société.

Cependant, quel que soit le scénario pour l'avenir - prolongement de l'ultra-libéralisme ou prolongement du modèle égalitaire -, les deux modèles vont affronter des oppositions, des turbulences, des bouleversements même qui risquent d'aller jusqu'à un renversement. Car cette alternative socioculturelle en faveur de valeurs dominantes féminines est une véritable révolution !

Pourquoi ?

Parce qu'au seuil du nouveau millénaire, les valeurs d'ordre, de hiérarchie et de contrôle, maîtres-mots d'une culture à dominante masculine, voire patriarcale, semblent être sur le point de céder à une mutation. La civilisation occidentale, gérée par ces valeurs masculines, s'est définie comme la volonté et la capacité d'organiser le monde, de limiter le hasard, d'accumuler patiemment des connaissances pour les transformer en certitudes théologiques, scientifiques et économiques. Et surtout d'assurer le bien-être des citoyens par la stabilité et la sécurité matérielle. S'attendait-on à traverser des guerres ou des révolutions débouchant sur un nouvel ordre stable ? La crise de cette fin de millénaire est venue remettre en question ces certitudes cycliques. La société industrielle, fière de ses capacités à tout maîtriser, s'est brusquement sentie déstabilisée dans ses compétences, dans son pouvoir de contrôler, dans un monde si divers, des environnements devenus trop complexes ou des réalités trop ambiguës…

Au-delà du dysfonctionnement économique, la crise des années 80/90 est une crise des valeurs, des recettes du succès, de la conception même du progrès. L'incertitude, l'instabilité et les fluctuations d'aujourd'hui, et a fortiori de demain, ne sont pas les facteurs d'un état transitoire de mutation, cet état passager qui reconstruit en même temps qu'il détruit, mais bel et bien une instabilité permanente, un état naturel et nouveau de la réalité quotidienne.

Ainsi la rationalité, la logique, l'esprit d'analyse si chers aux valeurs masculines se trouvent déroutés dans un univers qui change sans cesse sans que l'on puisse en mesurer à temps les raisons. En plaisantant, l'on pourrait dire que la logique du monde est désormais que le monde est (et sera) de moins en moins logique. Rien n'est assuré de durer sous la pression d'une conjoncture sans cesse changeante. Rien n'est assuré, y compris les lois économiques réputées irréfutables, les recettes éprouvées par l'expérience du passé. Toute structure d'entreprise, tout métier sera à l'épreuve de cette fluctuation permanente et de cette *incertitude constante.*

Ainsi les nouvelles données de nos sociétés demain et les scénarios d'avenir vont être l'hyper-complexité, l'entropie, l'usure de toute certitude, le désordre, l'instabilité, le mouvement perpétuel. De cette façon, la suprématie des valeurs masculines, leur survie, leur réussite risquent fort d'être prises de court ! Car le pouvoir autoritaire, la logique binaire, le formalisme, les statuts, la spécialisation extrême, devront savoir faire avec l'intelligence émotive et l'intuition qui acceptent plus facilement la complexité.

Deux scénarios donc, l'un qui prolonge l'ultra-libéralisme économique, que nous appellerons désormais *Challenger* ; l'autre développant le modèle humaniste égalitaire que nous baptisons *Bastide.*

CHAPITRE 5

Le scénario Challenger ou l'extension du libéralisme économique

Challenger ou le modèle qui prône l'absolue suprématie des lois du marché, l'État minimal, les individus mobilisés par le pragmatisme, la performance, la compétition – valeurs masculines par excellence. Multinationales puissantes d'un côté ou microstructures créatives de l'autre. On est soumis ici, sur la brèche là. L'avenir appartient aux tueurs et aux malins. Pas de quartier pour les faibles ou les marginaux !

POURQUOI *CHALLENGER* ? Pour son évocation transatlantique et sa référence à l'économie américaine. Pour rappeler l'importance de la compétition dans ce modèle de société. Pour évoquer enfin l'étendue du défi d'adaptation aux aléas d'un monde en mouvement perpétuel.

Dans ce scénario Challenger, précarité et mobilité sont LES données intrinsèques des relations sociales, professionnelles et économiques. Challenger représente en effet un modèle de société qui se concentre sur le court terme, car tout peut être remis en cause d'un instant à l'autre. On y accorde fort peu d'importance au passé, à l'histoire, à l'expérience, pour se concentrer uniquement sur l'immédiat. La survie économique de l'individu et de sa famille passe d'ailleurs par sa capacité quotidienne à faire face aux besoins et à répondre aux sollicitations d'environnements professionnels et sociaux changeants. D'un côté l'individu, de l'autre le domaine macroéconomique qui prime tout.

Un individu motivé et gouverné par les lois du marché considérées comme une réalité concrète, incontournable, presque une croyance dogmatique ! L'instantanéité domine, l'indice Dow-Jones est le baromètre du temps présent et l'interprète du métabolisme macroéconomique de la planète.

Ainsi, dans le scénario Challenger, macroéconomie et lois du marché constituent les références suprêmes (les deux mamelles… ?) et s'imposent naturellement à la politique, à la morale sociale et au fonctionnement de l'État. Dans cette logique où les attributs de ce dernier sont transférés aux initiatives privées et à la responsabilité individuelle des citoyens, qu'elle soit voulue ou non, le rôle de l'État perd singulièrement de son importance. Sauf à jouer exceptionnellement le régulateur ou le protecteur providentiel.

Le rôle de l'État est minimisé aussi parce qu'il n'a plus guère de moyens physiques ou économiques conséquents. Il pèse fort peu vis-à-vis des multinationales qui, par leur taille, dominent les gouvernements (en 1998, le chiffre d'affaires mondial d'Axa représentera 6 000 milliards de francs, quatre fois plus que le budget de la France). Ces giga-entreprises se libèrent d'ailleurs de plus en plus facilement des contraintes nationales et même internationales.

En d'autres termes, les pouvoirs politiques sont de moins en moins dirigistes, mais médiatiquement parlant de plus en plus influents sur le plan symbolique

(« Feignons d'être les instigateurs de ces événements qui nous dépassent totalement »).

En corollaire, les partis politiques prônent une organisation de la société qui laisse une part croissante aux libertés individuelles. Car c'est un modèle de société qui cherche à favoriser l'action plutôt que la réflexion, l'improvisation plutôt que la prévision, le réflexe au service de la volonté, une vision du monde qui s'efforce de prendre en compte l'imprévisibilité, les changements de structures. La notion d'ordre disparaît derrière celle des nécessités impérieuses. La recherche de nouveaux gisements de production, de nouveaux services est constante. En termes de collectivité, la survie du groupe passe par une solidarité limitée entre ceux qui font partie du réseau. Les individus gèrent leur vie chacun pour soi, sans véritable notion d'adhésion à un projet commun, sans racines communes, sans territoire commun. Le champ de vision se borne tout juste à celui des plus proches qu'on pourrait appeler la « tribu ».

Dans ce scénario, l'harmonie sociale est le résultat d'une orchestration et d'une juxtaposition de satisfactions individuelles.

Si les individus veulent y réussir sur le plan professionnel, il leur faut une expertise pragmatique, acquise progressivement sur le terrain. Leurs employeurs n'attendent pas d'eux un savoir-faire théorique ou des modèles transmissibles aux autres, mais des performances grâce à leur empirisme professionnel et leur capacité à remettre en cause leurs acquis si le contexte immédiat l'exige.

La valeur sociale la plus encouragée dans ce modèle de société Challenger est l'individualisme : le citoyen assume la responsabilité de son destin personnel. Il est appelé à endosser seul les conséquences de ses choix autonomes, ce qui n'est guère commode dans un contexte qui, par définition, est assez aléatoire. La compétition, l'agressivité professionnelle sont les valeurs d'une société qui favorise la sélection naturelle. Il va de soi alors que la hiérarchie récompense le meilleur, le gagnant. La mobilité physique et intellectuelle est une valeur forte, tout comme la flexibilité, la capacité à changer de rôle, de métier, de tâche : l'adaptation créative est constamment nécessaire dans un environnement changeant, sans phase d'acclimatation, sans espace personnel privilégié. Ainsi dans la société Challenger, la réflexivité, la vitesse de réaction priment sur la prudence, la délibération et le raisonnement mesuré.

Dans un modèle de société qui élève la macroéconomie au rang de repère et de référence universels, l'entreprise a évidemment une place primordiale.

Deux types d'entreprises cohabitent dans le scénario Challenger : *l'entreprise multinationale* à la stratégie planétaire qui, par élimination de la concurrence, vise à conquérir un leadership sur le marché mondial. Très centralisée et volontariste sur un marché, elle est apatride dans ses capitaux, ses managers, ses méthodes, ses usines, ses ressources et ses expertises. Dans ce scénario, la clé de la réussite réside dans la compétitivité quantitative des entreprises favorisée par l'effet de taille critique. Il faut être parmi les grands et puissants du secteur pour pouvoir peser sur les marchés, ce qui permet alors un abaissement drastique des coûts. Le marché y est donc la clé du développement... pour ceux qui ont une ambition planétaire ! Et la voie royale de la domination d'une marque mondiale est évidemment l'innovation permanente des produits, services, prix, informations, positionnements. L'entreprise gagnante dans ce scénario doit être à la fois géante, planétaire, mais aussi extrêmement dynamique et réactive dans ses nécessaires adaptations aux marchés.

Le deuxième type d'entreprise qui peut faire également sa place dans ce scénario est l'*entreprise agile.*

Tout à fait différente de la précédente, elle se distingue par son mode de fonctionnement basé sur plusieurs critères dont le premier est la capacité d'adaptation immédiate aux environnements professionnels les plus divers, qu'il s'agisse des fluctuations du marché ou des réactions des concurrents. Impératif absolu : la légèreté des structures pour gagner en agilité et pouvoir ainsi répondre, en temps réel, à une météorologie professionnelle agitée...

Ces entreprises agiles se situent dans tous les domaines de la production des biens et des services, des produits créatifs, innovateurs ou personnalisés selon les cibles de clientèle. On y encourage l'improvisation - on l'imposera même ! - tout comme la prise de risque sans filet... « Ça passe ou ça casse », telle est la devise, assortie quoi qu'il arrive de sanctions, positives ou négatives, au vu des résultats. Par définition, la stratégie est à court ou moyen terme, réactualisée par un pilotage à vue. Ni principe, ni modèle, encore moins de structure permanente, mais du flair, de la malignité, de la souplesse, de la réactivité.

Ce sont donc deux types d'entreprises extrêmement différentes qui se développent dans le scénario Challenger. Les unes et les autres sont cependant indispensables. Mammouth et écureuil sont, si l'on peut dire, dans le même bateau...

D'un côté, l'entreprise mondiale, planétaire dans ses objectifs, ses outils et ses moyens, ses ressources et ses managers, peu réactive, peu créative mais puissante. Et de l'autre, l'entreprise agile, légère, souple, mobile et créative, mais manquant de ressources, de moyens, de circuits de distribution, etc. Les deux sont donc destinées à une interrelation dans un réseau décentralisé où elles bénéficient ensemble de leurs atouts respectifs. Elles ont tout de même un vrai point commun, l'activisme, qui se mesure : seuls comptent les initiatives et les résultats à court terme, la compétition face à la concurrence et le *killer spirit*.

Dans ces entreprises, seules les valeurs masculines semblent avoir droit de cité. Et pourtant, n'auraient-elles pas à gagner (oui, gagner…) à intégrer quelques valeurs féminines ? L'ouverture d'esprit, l'acceptation mutuelle des différences face à des chocs culturels venus d'ailleurs, ne sauraient-elles être perçues comme des opportunités d'apprendre, de commercer, d'innover ?…

Poursuivons le développement du scénario Challenger non plus dans sa traduction économique via les entreprises, mais sur le plan de la société et des individus qui la composent.

Challenger encourage évidemment les attitudes et les comportements fortement personnels, individualistes. Partis politiques, associations, mouvements divers n'y trouvent donc pas le meilleur terreau de développement. Même la famille est fluctuante, sorte d'association à géométrie variable et temporaire, en reconstitution permanente et en déplacement constant dû aux aléas professionnels ou aux désirs du moment. Car dans ce scénario, la mobilité privée et professionnelle est, par nécessité, poussée à l'extrême, au gré d'exigences externes ou de projets personnels. La précarité de tout statut, de toute situation professionnelle, y compris dans le domaine privé, est comprise par chaque membre de la famille comme une opportunité d'évoluer, de progresser selon les rythmes de croissance ou les opportunités de l'environnement de chacun.

Un style de vie en instabilité constante donc, assorti de remises en cause permanentes. L'insécurité de l'emploi est acceptée parce qu'inévitable, un peu comme les saisons, ainsi que la méfiance, corollaire inséparable de la logique compétitive. On imagine aisément la tension, le stress qui président à la vie de chacun dans cette atmosphère de compétition soutenue.

L'instabilité et l'incertitude dopées par l'individualisme compétitif accentuent aussi la segmentation de la famille et de la société en de multiples styles de vie, plus éphémères, plus complexes. La solidarité familiale y est donc faible puisque chacun est d'abord préoccupé de lui-même ; elle est remplacée par des relations d'intérêt mutuel, contractuelles et temporaires.

Pour faire face à ces ballottements permanents sans trop d'états d'âme ou d'usure, les jeux de rôles où l'individu adopte des attitudes conformes à son modèle du moment, sont essentiels. Ils permettent à chacun de tenir le coup sans pour autant se sentir impliqué dans le rôle qu'il joue. Une certaine forme de cynisme rend supportable ce balancement psychologique.

Les avantages d'un tel modèle de société sont que les individus les plus adaptables peuvent y trouver un champ d'opportunités large, à dimension planétaire, pour réaliser leurs rêves ou leurs ambitions. Mais les individus les plus rigides en seront exclus, tout comme les fragiles, les hésitants, les faibles, les non-battants.

La société Challenger mise sur le brassage permanent pour trouver empiriquement les meilleures solutions de mutation des mentalités et des modes de vie. C'est un modèle de société qui cherche constamment de nouvelles propositions d'innovation pour maintenir sa place dans un monde où tout bouge, où la majorité des citoyens des pays riches sont à l'affût des tendances qui montent pour être capables de s'y adapter rapidement, d'être dans le coup, de ne rien rater.

Face à ces attentes, seule l'initiative privée est capable d'avoir une souplesse d'initiative et d'adaptabilité de fonctionnement, et surtout l'indépendance d'esprit nécessaire pour accompagner ces mutations. Et si le secteur public est absent en tant que pourvoyeur d'innovation dans un monde en constante improvisation, le capitalisme traditionnel n'y répond pas très bien non plus, car il fait la part belle aux actionnaires et à tous ceux qui se contentent de profiter de la hausse boursière.

Dans le scénario Challenger poussé dans sa logique extrême, le pouvoir économique appartient aux entrepreneurs, aux innovateurs, aux preneurs de risques, aux acteurs de l'économie réelle face aux spéculateurs financiers.

Dans un tel scénario, il est évident que la politique est plus intimement liée à l'économie et à la croissance qu'à une idéologie (sauf si « l'économisme » est une idéologie, ce qui pourrait être le cas). On attendra d'elle qu'elle soit souple face à la mobilité des entreprises nationales et d'un vrai réalisme pragmatique plutôt que d'avoir des grands desseins ou une vision d'avenir. De cette façon, ce scénario favoriserait l'arrivée au pouvoir d'un leader politique plus reconnu pour ses qualités d'adaptation que pour un programme dont on sait de toute façon qu'il sera obsolète au lendemain des élections en raison de la rapidité d'évolution des situations.

Un leader politique ni technocrate trop rationaliste, ni humaniste sentimental, ayant tout de même des principes et une idéologie au service de *la réussite* : un gagnant, volontariste, séducteur, charismatique, parvenu au sommet grâce à ses capacités « d'alpha mâle ». Sa légitimité est jugée au jour le jour par les médias en fonction de sa réussite.

Il est clair, en apparence au moins, que dans un tel scénario, les valeurs masculines ont le beau rôle : puissance, énergie, dynamisme, capacité de lutte pour la survie, suprématie et éventuellement violence contrôlée.

Cependant, ces valeurs ne favorisent pas d'autres qualités tout aussi indispensables telles que la flexibilité, la fluidité de réponse à une demande imprévue, l'assurance psychologique dans la négociation difficile. Ni la largeur d'esprit devant les différentes opinions professionnelles et culturelles, à l'opposé des valeurs masculines citées ci-dessus.

Il faut peut-être imaginer autre chose ?...

CHAPITRE 6

Le scénario Bastide ou le repli frileux d'une communauté fermée

À l'abri derrière ses murs fortifiés, la société du modèle Bastide craint les grands vents du dehors. Protection y est le maître-mot. Surtout pas de précarité. Et pas d'intrusion venant de l'extérieur non plus : entre nous, vivons au chaud.

Une nouvelle autarcie, patriarcale, clanique, rigoureuse, protégée – valeurs masculines d'une autre nature.

Face à une société trop diversifiée, trop souvent renouvelée, comme dans Challenger par exemple, le modèle Bastide choisit la sécurisation de ses citoyens par la stabilité. Configuration sociologique qui cherche à s'inscrire dans la durée, ce modèle valorise l'accumulation dans tous les domaines, patrimonial, financier, intellectuel, culturel ou spirituel. Le tout est mis au service d'un édifice commun, un projet de société qui, progressivement, va devenir une formule de vie pour tous.

Ici, la survie individuelle passe par l'adoption et le respect d'un modèle qui n'accepte qu'un faible niveau d'innovation et de différenciation personnelles. Ce sera bien un schéma de survie face aux turbulences extérieures, un plan de croissance collective aussi, communauté forte où l'entraide dépasse le simple donnant-donnant matériel.

Le but de ce scénario de société est de renforcer la stabilité et la cohésion clanique des différentes composantes sociales. La solidarité y devient donc une valeur phare et chaque membre du clan ou du réseau est tenu d'aider les autres membres de son groupe, non par intérêt contractuel immédiat, mais pour conserver aux siens l'entité collective, stable et protectrice. J'agis avec des gens comme moi.

Cette solidarité qui n'est que partiellement affective n'est ni idéaliste, ni désintéressée. Au contraire, elle est intéressée, égocentrée, fondamentalement réaliste pour assurer l'entretien du réseau de survie et éventuellement de l'expansion du groupe.

L'envers de la médaille est évidemment la très faible place laissée aux initiatives personnelles, aux fantaisies individuelles, à l'expression singulière de chacun…

Dans ce scénario Bastide cependant, chacun a droit à un point fixe, un lieu personnel, des racines réelles ou inventées. Chacun doit aux autres cohérence et conformisme à un mode de vie accepté pour ne pas être déstabilisé. Et, fondamentalement, la permanence de l'identité de groupe fait loi, imposant à ses membres une constante adhésion aux principes de base.

La calamité, rappelons-le, c'est la précarité ! Dans ces conditions, la mobilité peut être une obligation ponctuelle, mais elle est ressentie comme un déracinement.

Le scénario de société Bastide tend à un équilibre *collectif,* plus important que la liberté d'expression, plus important que les différences individuelles, les divergences de pensée ou de style de vie qui seront nécessairement réduites. Point trop de fantaisie par conséquent... L'insécurité y est victorieusement combattue, au prix d'un certain conformisme et d'une vraie discipline de groupe.

Si, à l'intérieur de la société Bastide, le clan est central, autour de lui s'organisent des micro-communautés de dimension réduite, partageant la même vision du monde, et adhérant aux mêmes objectifs. Il favorise donc les réseaux, tribus, fratries, certes différents les uns des autres, mais à l'intérieur de chaque groupement très conformistes, très homogènes pour leurs membres, collaborateurs ou partenaires.

À travers ce scénario Bastide apparaît un élément clé de ce type de société : une vision idéale du monde, dans une mosaïque de groupes de populations pluri-culturels, rassemblées en unités communautaires, à taille humaine, à forte identité interne, cohabitant sous l'égide d'un État assez peu présent. Un État multinational, à la manière de l'Union européenne par exemple, intervenant très peu dans les activités quotidiennes des différentes tribus ou réseaux, sauf à apporter quelque appui matériel.

Culturellement, ce « merveilleux modèle de société » est plutôt protectionniste, hostile au métissage et favorable aux développements parallèles, sans interférences entre les micro-cultures claniques qui sont tolérantes entre elles, mais rigides au niveau de leur fonctionnement interne.

La technologie symbole de ce scénario Bastide, tribal et moderniste, serait l'Intranet, c'est-à-dire les moyens de télécommunication interactive de l'Internet en circuit fermé, réservés à une catégorie de partenaires pré-sélectionnés, avec accès à des sites autorisés, en nombre limité. En d'autres termes, des clans électroniques, géographiquement dispersés, mais en autarcie culturelle.

Économiquement, les adhérents à ce modèle de société recherchent un système de développement autre que la norme économique ultra-libéraliste et individualiste : plutôt un collectivisme qui se rapproche, dans une version moderne, de l'ancien modèle des corporations et des guildes. La primauté de la macroéconomie y est naturellement honnie – sorte de Frankenstein qui dévore tout sur son passage –, qu'elle soit pilotée par le volontarisme d'État bureaucratique ou par les lois de l'abominable Wall Street…

À l'opposé, la société Bastide favorise le développement d'une logique microéconomique à taille humaine. Ensuite seulement, elle cherche à s'insérer dans le circuit de la macroéconomie imaginée comme une orchestration harmonieuse de microéconomies, de micro-marchés et de clientèles ciblées en fonction de leurs spécificités (clans, tribus ou réseaux).

Dans la logique d'une société Bastide, l'économie doit obéir à des finalités socioculturelles communes à tous les citoyens. Il n'est donc pas question de laisser fonctionner comme au Far West les lois du marché économique, ni même de s'y soumettre sans résistance.

Car les finalités sociales, morales, voire philosophiques ou idéologiques de ce scénario sont essentielles et doivent, de ce fait, dicter à l'économie ses orientations et ses règles de conduite. Voilà pourquoi la régulation socio-économique s'exercera via des institutions politiques ou éthiques, non seulement sur des critères de bien-être de la population, mais aussi sur des finalités sociales à plus long terme.

Ni le capitalisme paternaliste ni le socialisme étatique ne répondent à cette grande poussée égalitaire humaniste du scénario Bastide. Le premier (malgré sa condescendance envers des micro-groupes considérés comme devant être aidés par une tutelle bienveillante) a pour finalité la recherche de profit partout où il pourrait le trouver, et le second apparaît trop technocratique, anonyme et obéissant à un autre type de macroéconomie étatique.

Dans ce scénario, l'entreprise idéale est proche du kibboutz, coopératif, mutualiste, ou de toute structure dans laquelle le personnel, les clients et leurs familles ont la possibilité de revendiquer leurs exigences face aux lois des marchés extérieurs.

L'entreprise type du scénario Bastide est une organisation fortement ancrée dans sa culture d'entreprise et dans celle de son environnement social, quels que soient les marchés locaux ou internationaux et les partenariats techniques. Elle tire sa spécificité de ses offres commerciales, de son savoir-faire et de ses particularismes. En cela, elle est davantage le reflet de sa propre identité, de son pedigree (clan, traditions, expertise locale, etc.) que le reflet direct de ses marchés. Ce qui n'est pas fait pour faciliter son expansion. Mais l'entreprise Bastide n'est pas forcément condamnée, surtout si elle recherche une compétitivité qualitative avec, *dans son domaine*, un niveau élevé de performance, voire une stratégie d'excellence.

Il lui faut en effet être la meilleure de sa catégorie pour pouvoir faire payer le prix de la qualité de ses produits. C'est, par exemple, la stratégie que pratiquent avec succès le constructeur automobile Morgan ou le fabricant de stylos japonais Nomiki.

Ainsi, dans une économie Bastide, les entreprises doivent offrir des produits riches de sens, authentiques, être capables d'évoluer en fonction de la demande tout en gardant leurs spécificités propres. De cette façon, toute consommation de leurs produits ou services prend valeur d'adhésion (de communion ?) à une identité culturelle.

Le marketing de l'entreprise idéale de ce type de société consiste donc à rechercher des niches de marché, des micro-segments de clientèles, des créneaux déserts parce que non rentables pour la production de masse. Ces entreprises survivent en évitant la concurrence directe et en recherchant un positionnement très spécifique pour leurs produits ou services. Les valeurs encouragées et favorisées y sont la convivialité (plus encore que le simple esprit d'équipe) et un véritable échange affectif, solidaire entre les membres de cette famille élargie.

La solidarité favorise en outre une deuxième valeur : celle de la cooptation de membres autour de la défense et de la protection des faibles qui font parti de la communauté, au nom de la survie collective du clan. Et si cette cooptation ne peut pas éliminer totalement les problèmes de pouvoir et d'influence dans le groupe, l'impact de ces problèmes est réduit au minimum puisqu'à l'agressivité se substitue toujours la négociation.

Comme on peut le constater, les valeurs de ce schéma de société sont celles de la sécurisation physique, mais aussi psychologique, par une stabilisation constante des activités de chacun à l'encontre des aléas de la vie... Toute forme de déséquilibre venant de l'extérieur, ou même de l'intérieur du groupe, est franchement combattue.

Il est clair cependant ce type de fonctionnement social est menacé d'un double risque : l'isolationnisme d'une part et le protectionnisme des clans d'autre part. L'équilibre ne pourra être trouvé que grâce au consensus des membres du groupe, bien décidés à éviter les conflits...

Au plan politique, le paradigme de société Bastide est la consolidation des identités par un dialogue entre les différentes communautés, les centres d'intérêt et les entreprises. Le fluide majeur de cette société est le dialogue, le partage d'informations.

Les institutions y jouent le rôle de direction à long terme, d'arbitrage interne, de défense matérielle, face à l'extérieur et, nécessairement, une orchestration des différentes entités sociales, économiques et idéologiques.

Dans ce scénario, la politique est d'abord affaire de convictions et de principes partagés, incarnés en une morale collective identifiée à la Loi. Citoyens et institutions fonctionnent selon un processus constant d'identification mutuelle, puis de consensus entretenu par un dialogue social constant, très décentralisé.

C'est en tant que groupe homogène que fonctionne cette communauté à taille humaine, convergente, unanimiste, dont les leaders n'incarnent que la synthèse du projet collectif. On se fie donc moins à une personne charismatique ou technocratique qu'à un pouvoir collégial qui fonctionne sur le mode de l'acquiescement mutuel autour d'un compromis car, encore une fois, dans ce scénario, le plus important reste toujours la stabilité et l'identité communautaires. Les dirigeants doivent donc incarner cette identité collective dans l'imaginaire des citoyens : place à la sagesse au quotidien, à l'expérience micro-locale et à l'incarnation de l'inconscient collectif des clans qui composent la communauté.

Telles sont les qualités essentielles du gouvernement Bastide, plutôt que le savoir-faire, la prévision à long terme ou l'intelligence analytique.

Dans cette politique de concertation permanente, on n'imagine guère de discontinuités, sauf à les prévoir à l'avance ! Et pour ce pouvoir collégial, les élections sont à peine nécessaires puisqu'elles sont rituelles et peu conflictuelles : préférence est nettement donnée à la représentation proportionnelle de toutes les opinions…

Le scénario Bastide donne donc la priorité à la gestion micro-sociale des problèmes spécifiques d'un groupe social à taille humaine, au détriment d'une vision plus large et plus stratégique. Face à l'idée de la nation, et plus encore face à une entité multinationale comme l'Europe, c'est plutôt l'idée d'une confédération des pouvoirs régionaux qui a la préférence. Pense-t-on immédiatement à la Suisse consensuelle ?

Dans la société Bastide, le bonheur de l'individu résulte, en principe, de l'absence de tensions et d'agressivité entre ses membres. La réduction des inégalités n'y est pas un précepte idéologique, mais une question de confort et de paix. Il devient donc légitime, voire obligatoire, de favoriser les défavorisés, d'assister les faibles et de prendre en charge les exclus de la famille élargie. Ici encore l'agressivité compétitive n'est pas nécessaire ; en revanche, l'esprit de groupe communautaire, mobilisé, impliqué dans un objectif local ou clanique est au centre des préoccupations de chacun. Sauf en cas d'intrusion du monde extérieur où la communauté est alors parfaitement capable de réflexes belliqueux...

En un mot, cette configuration de société Bastide est un modèle dans lequel les individus évitent l'innovation, le changement, l'inconnu. Ils les évitent par crainte de perdre leur identité collective en la mélangeant avec d'autres, par crainte d'être poussés à remettre en cause leurs certitudes et celles de leur clan. Les citoyens d'un tel schéma préfèrent garder leur identité tribale, cadenassée, intacte, qui leur assure à la fois le confort d'un modèle stéréotypé (bien que moins personnel qu'une identité basée sur des originalités individuelles) et la certitude, en cas de besoin, d'une défense collective de leur société.

Poussé à ses logiques extrêmes, ce scénario serait un archétype d'intégrisme fondamentaliste, réactionnaire et absolutiste.

Le scénario Bastide laisse incontestablement peu de place aux valeurs féminines. Elles y ont même un rôle secondaire, comme dans toute société patriarcale. Et c'est bien de cela dont il s'agit ici.

C H A P I T R E 7

Au-delà des apparences, les points communs aux deux scénarios

T*out semble les opposer et pourtant… On découvrira avec surprise des points communs inattendus, facteurs défavorables à toute survie harmonieuse de la société. Harmonieuse ? Qu'est-ce à dire ? Faudrait-il donc inventer une troisième voie ?*

Les deux scénarios, si opposés semble-t-il, ont néanmoins trois dénominateurs communs : l'égocentrisme, le gaspillage d'énergie et la faible influence des valeurs féminines.

Premier dénominateur commun : *l'égocentrisme.* Car chacun de ces systèmes d'adaptation à des environnements déstabilisés est complètement obnubilé par ses buts, ses objectifs individualistes, voire narcissiques. Dans les deux cas, on cherche solutions et salut dans sa propre capacité d'adaptation, ou éventuellement à l'échelle d'un petit groupe de personnes identiques à soi-même. Il ne faut d'ailleurs pas confondre cet individualisme avec celui des années 1970/80, insouciant et ludique, assuré que les opportunités de cette « époque bénie » seraient toujours plus nombreuses et forcément intéressantes... Motivé par le plaisir et la sensualité, cet individualisme était très différent de celui de nos deux scénarios : le nouvel égocentrisme consiste, à partir de soi-même, à construire un système de survie d'abord, et éventuellement, de réussite matérielle.

Plaisir ? Pas trop. Sensualité ? Reportons à plus tard. Confiance ? Qu'est-ce que c'est ? On a changé de planète, c'est incontestable.

Dans le scénario Challenger, le credo est : « chacun pour soi et au diable les autres ». L'objectif est d'être un *winner,* surtout pas un *loser.* Naturellement, il y a peu de gagnants.

Dans le scénario Bastide, les individus adhèrent à la vision idéalisée d'une collectivité qui change peu et rassure par son immuabilité. Ainsi l'individu a-t-il sous les yeux un miroir de lui-même dans le comportement des autres membres de la communauté.

Dans le scénario Challenger, le centre du monde, c'est l'acteur/citoyen, c'est moi. Dans le scénario Bastide, c'est moi-et-les-gens-comme-moi.

Dans l'un et l'autre cas, peu importe, au nom de l'égocentrisme, les problèmes d'équilibre de la société, d'intégration des autres ou encore de coordination du tout passent au deuxième rang des priorités... Pas de recherche de perfection, naturellement, plutôt la crispation sur les privilèges couvés par chacun - chacun pour soi, s'entend...

Le deuxième élément commun des deux scénarios est, sur le plan sociologique, l'énorme *gaspillage d'énergie*. Le modèle Challenger se définit comme une adaptation constante, une recherche d'innovation sans fin, dans un contexte économique chaotique, non contrôlé, soumis à la pression d'un environnement très concurrentiel. Sur le plan sociologique, une énorme quantité d'énergie est utilisée pour corriger, a posteriori, les excès engendrés par ces déséquilibres. De même, sur le plan humain, il faut absolument réinventer des compensations à la mobilité, à la délocalisation ou à la précarité. De nombreux talents se perdent ou sont inutilisés en raison des processus permanents de sélection qui excluent forcément du circuit économique une partie importante de la population. Et le coût de l'assistanat social serait de toute façon disproportionné par rapport aux nécessités d'investissements économiques et d'attentes de bénéfices.

Le scénario Bastide se définit à l'opposé du modèle Challenger par une recherche de maîtrise constante d'un équilibre en évitant toute déstabilisation externe ou interne. Dans ce cas de figure, l'essentiel de l'énergie collective est employée à défendre le statu quo et les habitudes, au lieu d'investir dans des mesures d'adaptations rendues nécessaires par l'évolution *intra-muros* et *extra-muros*.

Par ailleurs, inévitablement, la société Bastide a absolument besoin, pour se rassurer, de procédures formalisées et répétitives (rituels, grand-messes, commissions, sous-commissions, etc.). Ces dynamiques de groupes sont d'ailleurs nécessaires pour faire fonctionner le système au sein duquel elles agissent comme des facteurs de lubrification des relations humaines.

En d'autres termes, éviter les tensions et maintenir l'ordre dans le clan est plus important que l'objectif économique.

Le troisième point commun entre les deux scénarios Challenger et Bastide est la *faible présence des valeurs féminines* dans leur fonctionnement, et inversement la forte présence de valeurs masculines. Si l'on examine les valeurs encouragées par les deux scénarios, cela devient une évidence.

Les valeurs du modèle ultra-libéral Challenger

1. La recherche calculée et soutenue d'avantages financiers et de profits au détriment des valeurs humanistes, collectives et altruistes. Avantages réservés à ceux qui, par compétence, talent ou simple chance, ont su profiter d'une opportunité.

2. La liberté d'action individuelle, en partant d'une définition de David Hume (*Théorie de politique*, Nelson, 1951), fondateur de l'empirisme : « Rien n'est plus certain que les hommes sont, en grande majorité, gouvernés dans leurs actions par leurs propres intérêts. » Cette pensée est l'un de piliers de la théorie économique aujourd'hui.

3. La supériorité des valeurs de croissance, d'expansion commerciale.

4. L'importance des valeurs de conquête, d'appropriation des marchés, de centres de ressources, d'expertises spécialisées, l'objectif étant naturellement de contrôler et de dominer les domaines en question.

5. La nécessité d'accepter d'improviser, d'innover, pour faire face à des conditions changeantes et problématiques, mais aussi pour pouvoir profiter d'une rente de situation ou d'innovation par rapport à la concurrence et obliger cette dernière à emboîter le pas ou à se retirer.

6. L'intérêt de la vitesse, de la rapidité d'exécution pour l'efficacité d'un instant, le tout au service d'objectifs à court terme.

7. L'encouragement de la responsabilité individuelle totale, et en même temps de l'individualisme égocentré absolu.

8. Le mimétisme culturel permettant une intégration rapide et temporaire à de nouvelles communautés.

9. Les principes de fonctionnement collectif, en politique comme en management d'entreprise, se résument par la flexibilité, la précarité des statuts et des situations, le pilotage à vue, la navigation empirique – « Ce qui est bon, c'est ce qui marche pour l'instant » –, la recherche d'opportunités plutôt que la poursuite obstinée d'un grand dessein.

10. Ce modèle de gestion sociale considère comme improductif les emplois précaires, et même immoral l'assistanat des exclus et des défavorisés.

En résumé, les valeurs et attitudes encouragées par le scénario du libéralisme économique Challenger redéfinissent la notion de progrès non plus comme une nécessité économique ou l'augmentation du profit, mais comme un déséquilibre permanent, bien éloigné d'une législation rapidement obsolète ou des actions d'un gouvernement embourbé dans la bureaucratie.

Pour mieux montrer son dynamisme face aux lois du marché, mieux vaut avoir les reins solides…

Les valeurs encouragées dans le scénario Bastide

La logique des valeurs du scénario Bastide est inverse à celle du système Challenger. Ici les objectifs sont différents ; les valeurs encouragées sont celles qui ménagent la stabilité dans un monde complexe, turbulent et imprévisible. La permanence des habitudes, l'invariabilité des attitudes, la persistance des comportements sont les garants de l'équilibre, comme en témoignent les valeurs ci-dessous :

1. Valeurs de recentrage, de repli sur son microcosme, à l'abri des tensions avec ceux qui partagent les mêmes opinions.

2. Réserve à l'égard des valeurs de mixité, de mélange, de métissage.
3. Conservatisme moderne et traditionalisme remis à jour, acceptant tout de même l'innovation technologique tant qu'elle se met au service du groupe ou du clan.
4. Comportement personnel qui respecte les règles, les lois de la communauté conformément aux idées et à la vocation du groupe.
5. En cas de non-respect des critères approuvés par le groupe, excommunication sans étape intermédiaire.
6. Travail en équipe, mutualisme solidaire, valeurs de coopération, à l'intérieur du groupe, en huis clos.
7. Valeurs d'intégration forte, mais uniquement parmi ceux qui acceptent les rites codifiés, interpersonnels.

En résumé, le modèle de société Bastide, à l'opposé du scénario Challenger, redéfinit le progrès comme étant l'amélioration du bien-être de ceux qui font exclusivement partie du clan ou du microcosme. Une exigence d'appartenance exclusive, parfois même un engagement à vie, le rejet des autres qui sont, pour certains tolérés, mais pas tous acceptés, le tout accompagné d'un système défensif d'enfermement et de protection face à un monde extérieur jugé dangereux. Et, à l'intérieur du groupe ou de la collectivité, la recherche d'un minimum de frictions qui s'accommode d'une certaine indifférence à l'égard de ce qui se passe au dehors.

Pour tout dire, les deux scénarios sont, à moyen terme, sociologiquement insupportables. Si le modèle Challenger peut être accepté en temps de crise ou de guerre, lorsque la dépense d'énergie ne compte pas et que le gâchis humain peut être, dans une certaine mesure, toléré, autant en temps normal, une grande majorité de la population européenne ne saurait l'accepter en raison de ses excès et de ses limites. Des limites sociales bien sûr, politiques et économiques.

La logique de ce scénario de gestion à hyperrationalité masculine a d'ailleurs été vivement critiqué par l'American Management Association dans un rapport publié en 1995 qui révèle que seulement un tiers des 3 000 entreprises étudiées ayant appliqué cette logique en dégraissant, en délocalisant au cours des cinq dernières années, ont augmenté leur efficacité et leurs bénéfices. On peut donc s'interroger publiquement (et non pas simplement s'indigner en privé) sur le bien-fondé de cette politique de *downsizing* qui tient lieu, partout, d'outil de gestion, si coûteuse en sacrifices individuels et collectifs pour des résultats si minces…

Ce n'est guère mieux dans le scénario Bastide où l'impasse est d'ordre économique et sociologique. Car deux problèmes de taille en guettent le fonctionnement. D'une part les difficultés économiques d'un système qui, selon les lois d'entropie, est condamné : une entité fermée au monde extérieur perd constamment de l'énergie jusqu'à sa disparition. Cela vaut aussi pour un système qui fait passer sa production après les préoccupations de stabilité…

La deuxième difficulté serait que les participants sont indifférents à ce qui se passe à l'extérieur de leur bulle. Or pour exister, il faut, pour eux aussi et malgré tout, une instance de pouvoir qui gère l'équilibre de leur planète. Pas de chance, évidemment, car ce pouvoir engendre nécessairement des contraintes et des exigences, voire de nouveaux clans…

Vivre comme les Amish aux États-Unis n'est pas forcément la perspective la plus plaisante aux yeux des afficionados d'un scénario Bastide !

Il est évident que poursuivre sur la voie des valeurs ultralibérales ou sur celle des valeurs égalitaires n'offre pas, à travers l'un ou l'autre des scénarios, de réponse viable à une société à la fois performante économiquement et harmonieuse sur le plan social. Il faut donc chercher des alternatives, une autre voie, en s'appuyant par exemple sur trois indicateurs fournis par l'exercice un peu simpliste, mais nécessaire, de nos deux scénarios : le non-égocentrisme et la non-entropie (ou dispersion d'énergie) ainsi que l'introduction de plus de valeurs féminines dans la gestion et le fonctionnement des sociétés publiques et privées.

CHAPITRE 8

Où l'on reparle du pouvoir

Pouvoir direct/masculin, pouvoir oblique/féminin ; consentement ou résistance, focalisation sur les objectifs ou sur les processus... la liste est longue qui décrit, pour les analyser, les singularités respectives des deux types de pouvoir.

Le caricatural cette fois n'y a pas sa place : les différences existent, bel et bien tranchées...

L'EXERCICE DU POUVOIR politique et social n'est justifié, il me semble, que par son but ultime, à savoir la tentative coordonnée d'hommes et de femmes qui aspirent à une réussite collective, à un épanouissement de l'ensemble des citoyens. Si tel est bien l'objectif visé par les politiques, alors, aujourd'hui, dans les pays européens, il y a du chemin à parcourir !

Dans les chapitres précédents, j'ai décrit le déclin sociologique des valeurs traditionnelles des institutions et de l'État, les difficultés des pouvoirs publics face aux problèmes sociaux et la remise en cause des valeurs dominantes des pouvoirs dirigeants. De quoi s'agit-il ? D'un déni de confiance du citoyen à l'égard des dirigeants. Déni de confiance qui ne veut pas dire révolution ou chambardement, ni même refus d'obéissance aux lois, mais *manque de mobilisation* autour de projets collectifs.

Cette situation – la partition entre les dirigeants et les citoyens –, n'est pas seulement préoccupante ou consternante, elle est dangereuse pour notre société dont l'équilibre, toujours fragile, est menacé.

Ne m'accommodant pas de cet état de fait, je pose, par hypothèse, qu'il est nécessaire (et urgent) de changer les usages en cours et les valeurs qu'ils impliquent : au lieu d'utiliser toujours et encore les mêmes modes d'emploi, les solutions rabâchées depuis des décennies, je pense qu'il faut, qu'il faudrait vraiment, face aux nouvelles situations crées par nos sociétés en crise socioculturelle, changer nos habitudes et inventer de nouveaux modes de fonctionnement.

Changer ? Inventer ?... Mais oui !

Changer le style de pouvoir par exemple, en passant d'un pouvoir masculin vers un autre mode se basant davantage sur des valeurs féminines. Le lecteur l'aura compris, c'est tout à la fois ma conviction... et mon souhait. Et voici pourquoi.

Dans un livre précédent, *Styles de Pouvoir* (Dunod, 1991) j'avais souligné la différence entre deux types de mise en œuvre du pouvoir dans nos vies quotidiennes et dans nos sociétés et en politique : le *pouvoir direct,* qui ne se cache pas, qui cherche à changer les choses par un effort visible, physique, matériel, et le *pouvoir oblique,* qui agit de façon diffuse, circulaire, enveloppante en quelque sorte. Il s'agit en réalité de deux méthodes d'influence aux approches différentes : la première a besoin d'utiliser ses ressources, de dépenser de l'énergie tandis que la seconde, avare dans son utilisation d'énergie, est concentrée essentiellement sur l'influence qu'elle exerce sur la perception de sa cible. Si le pouvoir direct opère, il utilise des ressources réelles. Le pouvoir oblique, quant à lui, se nourrit de ressources virtuelles et subjectives.

Il se trouve que pendant les cinq ans qui ont suivi la publication de ce livre, j'ai été amené à conduire plus de cinq cents interviews avec des politiciens, des leaders sociaux, des chefs d'entreprise, des dirigeants d'organisation. Ces entretiens traitent d'un large éventail de sujets, mais l'une des rares constantes est la perception, pour la plupart de ces personnalités, que le pouvoir direct est de plus en plus difficile à pratiquer. Pourquoi ? À cause de l'effet d'usure, de l'inertie, de la résistance des sujets (des citoyens !) auxquels ce pouvoir s'applique.

La force, le punch, le « peps », la puissance, l'intensité seuls, ne sont plus efficaces... De plus, les personnalités interviewées ont souvent qualifié ce style de pouvoir d'autorité masculine, de pouvoir macho, etc. Or, si j'ai, quant à moi, soigneusement évité de parler dans ce livre des femmes ou des hommes, il semble bien pourtant qu'en France, le pouvoir ait un sexe...

Toute prise de décision est en soi un choix culturel, au-delà des différentes variables individuelles attachées à la personnalité de ceux qui détiennent le pouvoir.

Chaque société et chaque époque choisissent leurs leaders et leurs chefs parmi des individus, hommes ou femmes, qui ont un style de leadership ou de pouvoir en phase avec les valeurs dominantes. Un patron ou un chef politique n'est pas seulement celui qui décide et dirige, mais aussi celui qui incarne une identité collective. Gestionnaire appliqué du quotidien ou visionnaire inspiré du changement, le chef représente un symbole aux yeux de ceux qu'il dirige.

Il est clair que choisir entre tel ou tel style de pouvoir n'est pas une affaire de tempérament personnel, mais représente un choix de société qui implique une cascade de valeurs. Celui qui désire le pouvoir doit être en mesure d'assumer une valeur d'exemple pour toute la population. Le plus important n'est pas le sexe génétique de celui qui commande, c'est le sexe culturel des idées, des modèles de gestion et de fonctionnement qu'il ou elle met en place.

De même que l'on peut parler d'une société dominée ou guidée par des valeurs dites masculines, ou féminines, on peut distinguer une stratégie de pilotage de l'État ou des entreprises inspirée d'une mentalité traditionnellement masculine, ou au contraire féminine. La première, la culture masculine, fonde l'autorité sur la puissance, la force matérielle dont elle dispose, ses capacités physiques, son dynamisme économique, son potentiel militaire, l'énergie de ses moyens techniques. En somme, elle préconise un démonstratif rationnel directement appliqué à la cible : le pouvoir direct donc !

La conception féminine de l'autorité s'exprime davantage en termes obliques, utilisant une approche moins frontale, déviée, usant de force psychologique, s'appuyant sur des registres d'affects. Une force intérieure plutôt qu'une domination extérieure.

Et j'en reviens à mes interviews. À l'exception de quelques citadelles du pouvoir masculin comme les médias, la SNCF, le CNPF, j'ai constaté que l'exercice des responsabilités politiques, sociales ou managériales tend aujourd'hui à s'éloigner du stéréotype classique du pouvoir masculin : on abandonne progressivement l'autoritarisme, l'intransigeance butée lors de négociations, le débat conflictuel et la conquête par la force (« Qu'est-ce qu'on leur a mis !! »). Sans pour autant trouver un nouveau style de pouvoir.

J'ai le sentiment cependant que ce style évolue, se transforme peu à peu : on pense moins « pouvoir autoritaire » qu' «animation de décision ». Exemple : au lieu d'appliquer immédiatement une résolution prise en force, le nouveau style, avant la prise de décision, préconise le déplacement du responsable sur le terrain, l'écoute de ceux qui vont appliquer le nouveau choix. Puis le nouveau dirigeant adopte une attitude volontariste pour stimuler le corps social, administratif ou organisationnel, et lui imposer une obligation de mobilisation autour d'un consensus dynamique.

Ce style d'autorité, qui caractérise actuellement celui de nos dirigeants politiques et, par effet de ricochet, celui des dirigeants d'entreprises, fait tache d'huile. Ainsi, d'un décideur solitaire, encadré par le cordon sanitaire d'un staff ayant pour fonction d'éloigner les questions inopportunes, on passe à un nouveau style de leader, fédérateur des aspirations collectives, animateur d'une mobilisation collective des énergies. On attend de l'élu politique ou du chef de projet moins de pugnacité agressive, plus de contrôle de soi, la volonté d'harmoniser les situations conflictuelles, et surtout une capacité de synthèse à base d'écoute et de dialogue.

Fin de l'autorité guerrière masculine, place à autorité plus féminine d'assemblée (d'assemblage ?), d'arbitrage, de compréhension des divers points de vue. Fin de l'autorité du professionnalisme et de l'expertise prouvés, place à une autorité de catalyse des talents divers autour d'un projet. On accordera donc moins de crédit à un dirigeant technocrate brillant, d'esprit analytique puissant, et plus à un nouveau style d'autorité féminine (dont les qualités majeures se nomment tolérance, conviction, foi) incarnant une philosophie sociale, une éthique, un projet. Alors que la culture masculine de l'autorité et du pouvoir investit quelqu'un d'un statut et d'un droit de décision sans autre justification que hiérarchique, la logique féminine, au contraire, cherche à impliquer celui qui est capable de prendre les décisions favorables à l'équilibre collectif.

Pas question cependant de confondre valeurs empathiques et valeurs anémiques !

Le nouveau dirigeant porteur de valeurs culturellement dites féminines est un véritable leader, un véritable décideur. Le leader matri-harmonique est une nouvelle incarnation de la force de gravité : il rassure et en impose tout à la fois. Il est une force de mobilisation plutôt que de coercition, une force d'animation et d'influence plutôt que d'encadrement, une force psychologique et spirituelle plutôt que seulement matérielle.

Je crois sincèrement que ce nouveau type de dirigeant, que ce nouveau style de pouvoir vont prendre le pas sur les précédents.

Le leadership de nos sociétés est un art subtil, éminemment difficile. L'ampleur des enjeux et la multiplicité des facteurs qui entrent en ligne de compte permettent d'ailleurs de le comparer, toutes proportions gardées, à l'exercice périlleux de la météorologie à laquelle j'emprunte souvent des images. Les paramètres objectifs sont essentiels (ici, humidité, pression, force et direction du vent, températures ; là, statistiques économiques, bilans financiers, résultats d'élections, temps disponible) mais insuffisants, seuls, pour prévoir les évolutions… Et s'il faut aller jusqu'à faire des prévisions, justement, je prévois justement une diminution de l'utilité et de l'importance des valeurs masculines chez les dirigeants politiques, sociaux ou managériaux, au profit de valeurs féminines jusqu'alors laissées en jachère parce que considérées à tort comme étrangères au pouvoir, à la conduite de l'État ou à celle des entreprises.

CHAPITRE 9

Les finalités et les instruments du pouvoir masculin et féminin

L'un défend surtout son territoire et tente de l'agrandir, l'autre se préoccupe plutôt des voies d'accès aux solutions partagées par le plus grand nombre. Autorité et coercition ici, écoute et consensus là. La question qui reste posée est alors celle de l'efficacité.

Après l'avis des experts du pouvoir, qu'en pense le lecteur ?

Si le concept de pouvoir est au cœur de toute étude portant sur la société et ses évolutions, il n'est peut-être pas inutile de rappeler son rôle et son fonctionnement dans nos vies quotidiennes !

Le pouvoir permet à certains individus ou certains groupes d'individus d'imposer leur volonté, même si d'autres s'y opposent. Il cherche à influencer le comportement d'autrui dans un sens qui n'est pas forcément désiré par la cible. Et pour cela, le pouvoir dispose d'un certain nombre d'instruments d'influence, inspirés des valeurs masculines ou féminines. Dans les deux formes de pouvoir, direct ou oblique, que nous avons vues dans le chapitre précédent, la clé du pouvoir social, politique ou culturel n'est pas en totalité dans les mains de celui ou de ceux qui ambitionnent d'influencer les autres, mais aussi dans la perception des cibles à influencer, que nous appellerons désormais sujets du pouvoir. Car ces *sujets* ne sont ni passifs ni sans volonté, au contraire : sans eux, il n'y aurait pas d'action politique.

Les détenteurs du pouvoir, sources d'influence, ne sont en réalité qu'un élément, important certes, mais un élément seulement dans la mise en œuvre du pouvoir. Ce sont les acteurs de ce processus qui fournissent l'énergie dynamique au système, par leur obéissance à ceux qui détiennent les commandes du pouvoir : les généraux sont rarement présents sur le front, le patron d'Air France n'est pas pilote de ligne, et il est rare de trouver un architecte qui connaisse bien la technique de la plomberie des maisons qu'il conçoit...

Comment se fait-il donc que les citoyens obéissent aux lois d'un pays, les ouvriers à leur patron, les joueurs d'une équipe de rugby à l'arbitre ? Parce que leurs perceptions respectives les amènent à penser que c'est là leur intérêt personnel.

En conséquence, tout sujet du pouvoir, à un moment donné, calcule, consciemment ou inconsciemment, les avantages et les inconvénients de sa soumission ou de sa non-soumission au pouvoir. L'obéissance reflète inévitablement la comparaison entre les avantages et les inconvénients de la subordination, par exemple, ou ceux de la défiance. Et c'est à ce moment crucial qu'entrent en jeu les deux éléments clés de l'efficacité du pouvoir : la compréhension du sujet et l'intériorisation du processus d'obéissance.

Tout d'abord, la compréhension du sujet, de ce qu'on lui demande, pour qui, pour quoi, et dans quel contexte. C'est du résultat de cette analyse que dépendra sa résistance éventuelle ou son acquiescement aux exigences du pouvoir.

C'est un point clé, car si la perception qu'a le sujet de la nécessité d'obéissance conditionne sa résistance, le niveau de résistance conditionne aussi le niveau d'énergie à dépenser par le détenteur du pouvoir. Moins il y a de résistance, moins il y aura d'énergie à dépenser. Tout dépend donc du sujet et de son analyse de l'efficacité de l'action du pouvoir.

Il est clair que le type d'obéissance sollicité par le pouvoir a un effet considérable sur l'efficacité des mesures prises par ses dirigeants. Aucun pouvoir n'a intérêt à ce que la majorité de ses sujets résistent passivement à ses consignes. Les dirigeants au pouvoir ne font que mettre en marche un projet, initier un processus qui cherche lui-même à mettre en œuvre les objectifs du pouvoir en place. Ce sont les sujets qui fournissent l'énergie dynamique, matérielle, mais aussi mentale de l'action du pouvoir. Et le succès du dirigeant à obtenir les réponses désirées de ceux qui sont censés lui obéir dépend de la qualité d'obéissance qu'il inspire, de la façon dont il est perçu, de l'idée qu'on se fait de ses valeurs, de ses priorités, de ses jugements et de son aptitude à réaliser ce qu'il dit vouloir faire.

En clair, le pouvoir fonctionne avant tout comme un phénomène de *perception*, et son acceptation ou son rejet sont d'ordre purement subjectif. Le pouvoir d'influence est donc dans la cible, bien plus que dans sa source. Et ceux qui exercent le pouvoir n'ont d'influence sur leurs sujets que si, pour des raisons subjectives, ces derniers le veulent bien.

La réponse optimale des sujets aux objectifs du pouvoir passe par l'intériorisation. De quoi s'agit-il ? *L'intériorisation* est le processus d'influence par lequel le sujet/citoyen s'approprie l'objectif du pouvoir en place. Il y a alors convergence de ce que souhaite le pouvoir et de ce que désire le sujet. Celui-ci n'a alors aucun mal à accepter le pouvoir parce que le pouvoir agit en correspondance avec ses propres idées, *ses valeurs*, ses motivations : le citoyen obéit, agit ou prend pour sienne l'idée que le pouvoir souhaite mettre en œuvre. Cette forme d'influence tire sa puissance et son efficacité du conditionnement implicite des sujets qui n'ont pas, alors, le sentiment d'agir sous l'influence du pouvoir.

Mais cette intériorisation des objectifs du pouvoir ne peut réussir que si les sujets partagent tout à fait les mêmes valeurs masculines ou féminines et les mêmes jugements que le pouvoir en place. Or, ce partage, selon les cas, les époques, les individus, peut être très contrasté…

L'identification aux idées du pouvoir, moins efficace en termes d'influence que l'intériorisation, est néanmoins puissante. Ici, le sujet souhaite s'identifier aux stéréotypes des valeurs dominantes pour mieux s'intégrer à son environnement, ou pour assumer un rôle qu'il considère valorisant dans son milieu social, culturel, professionnel ou familial. Le sujet adopte alors un comportement d'obéissance fondé sur la similitude ou le mimétisme avec un personnage charismatique, ou les mythes d'un parti politique, ou encore un modèle de comportement valorisant d'une personne de son entourage qui, elle, s'identifie aux valeurs masculines ou féminines du pouvoir et à la culture dominante. Cette forme d'obéissance au pouvoir représente pour lui les fondations du soutien et de la mise en application de son programme.

Le *consentement simple* est une autre variante : le sujet accepte, soit par habitude, soit avec ressentiment, mais très rarement par motivation. Il s'agit d'une obéissance relevant de l'obligation plutôt que de la motivation ou même de la bonne volonté. L'obéissance est ici obtenue par un processus d'influence déjà décrit, selon lequel il n'y a pas le choix. Or, du fait même qu'elle n'autorise pas de choix, un telle influence s'expose à des remises en question du pouvoir de la part de la cible. Pour le pouvoir en place, l'important est que cette forme d'obéissance ne passe pas à l'étape suivante… qui est celle de la résistance.

La résistance au pouvoir : deux formes de résistance (passive et active) peuvent coexister chez le même sujet. Lorsqu'il y a résistance passive le sujet obéit parce qu'il n'a pas d'alternative : en apparence, il semble accepter la situation imposée, pense-t-il, par le pouvoir, mais il oppose, lui, de l'inertie ou fait obstruction quand il le peut, au bon déroulement des actions souhaitées par les dirigeants. La résistance active apparaît lorsque, au lieu d'obéir du bout des lèvres, le sujet soutient de façon active, dans la mesure de ses moyens, une action contre le pouvoir.

Lorsque les non-grévistes de la région parisienne ont soutenu les grévistes en novembre 1995, malgré l'inconfort que cela leur a infligé, il s'agissait sans doute du début d'une résistance que le pouvoir n'avait pas connue en France depuis mai 68. Et nous connaissons les effets que cet événement a eus sur l'évolution des valeurs hiérarchiques et conservatrices de l'époque…

L'exercice du pouvoir par influence directe exige une certaine énergie puisqu'il est manifeste, public, apparent et donc plus aisément évalué, puis jugé par les sujets. Et, s'ils résistent ou s'ils négocient, ils en perçoivent aisément les avantages et les inconvénients,

En revanche, l'influence oblique peut être plus difficile à analyser, non seulement parce qu'elle est moins apparente, mais aussi parce qu'elle fonctionne en grande partie comme un phénomène subjectif.

Si le pouvoir direct est obligé de fonctionner en utilisant des ressources réelles, le pouvoir oblique, quant à lui, se nourrit de la subjectivité et de l'imaginaire des sujets. Cette forme d'influence fonctionne davantage dans la tête de ces derniers que par les moyens du pouvoir lui-même. Elle joue plus subtilement sur les motivations et les espérances du sujet que son *alter ego*, l'influence directe. Elle est beaucoup moins soumise aux lois de l'entropie ou d'usure de l'énergie. L'objectif ultime de l'influence oblique, qui est plutôt fondée sur des valeurs féminines, est que les sujets agissent dans le sens de l'objectif du pouvoir parce qu'ils sont convaincus que ce sont eux-mêmes qui désirent atteindre ces objectifs.

On détecte donc bien, à partir de ces observations, deux styles du pouvoir assez tranchés, le style direct masculin et le style d'influence féminine. Et cette différenciation que j'avais relevée il y a déjà plusieurs années s'est renforcée, il me semble, depuis trois ans. Les interviews dont j'ai déjà parlé au chapitre précédent, réalisées entre 1994 et 1997, confirment nettement cette perception.

J'ai posé aux participants (responsables politiques ou religieux, responsables d'organisations et d'entreprises) la question suivante : « Est-ce que, selon vous, dans les différents styles de pouvoir rencontrés dans votre vie quotidienne, il y a des modèles de pouvoir typiquement masculins ou féminins ? »

Le deux tiers des interviewés ont évoqué un modèle de pouvoir typiquement masculin (que certains qualifient même de « macho ») mis en œuvre par des hommes ou par des femmes. Un tiers, hommes et femmes, ont décrit un modèle qu'ils considéraient comme étant plus féminin.

Je leur ai ensuite demandé une appréciation globale des modèles qu'ils avaient décrits. Le modèle de pouvoir masculin est décrit comme un type de pouvoir fondé sur une motivation très forte (une « défense du territoire ») justifiée pour élargir le champ d'autonomie ou d'indépendance de la personne qui l'exerce ; pas simplement pour avoir les coudées franches (bien que cela ait été cité aussi comme étant une motivation), mais surtout pour acquérir le statut et le prestige dont la dote cette démarche territoriale.

Un territoire élargi, plus de responsabilités et de subordonnés sont des signes extérieurs de puissance. Cette puissance, selon les participants, engendre chez les personnes qui affectionnent ce type de pouvoir masculin, un certain nombre de comportements, d'habitudes de commander, d'attitudes vis-à-vis de leurs sujets. Valeurs et qualités viriles y sont reconnues par leur environnement professionnel, y compris pour les femmes qui utilisent ce système de pouvoir : une approche coercitive où l'inquiétude, la menace et même la peur sont des facteurs recherchés par le détenteur de ce type de pouvoir afin de modifier les comportements de ceux qui subissent un telle démarche.

Après le bâton, la carotte, c'est-à-dire la récompense aux subordonnés, une récompense souhaitée par les agents de cette personne, attribuée seulement en fonction des résultats objectifs obtenus. Cette logique inéluctable laisse évidemment peu de place aux initiatives ou à l'autonomie des subordonnés.

Dans la négociation, si on peut l'appeler ainsi, la personne qui détient ce type de pouvoir masculin a une attitude qui favorise la confrontation, la bagarre pour montrer qui est le chef. Cette démarche un peu guerrière cherche plutôt à faire plier l'opposition qu'à trouver un terrain d'entente où les deux parties pourraient dire qu'elles ont gagné. L'intransigeance, l'inflexibilité de ce style belliqueux se résument volontiers à cette phrase : « C'est ça ou rien. »

En fin de compte, ce sont le statut, le rang hiérarchique, le standing qui donnent de l'importance et de la légitimité au détenteur de pouvoir masculin. C'est un mode de pouvoir qui recherche la simplicité, dont la logique est souvent linéaire et qui va droit au but. Les mots cités pour décrire les capacités d'une personne exerçant ce type de pouvoir sont : précision, netteté, clarté.

Pour ce type de personne, dans le travail ou les relations sociales, les choses doivent être univoques (sauf lorsque l'objectif du détenteur de pouvoir est de brouiller les pistes...). Par conséquent, beaucoup d'énergie est consacrée à définir les limites des responsabilités et des devoirs de chacun. Une compartimentalisation qui semble servir de méthode universelle pour segmenter, analyser, juger et rassembler par la suite. Chaque problème peut être analysé sans nécessairement tenir compte des circonstances environnantes ou des interrelations entre différentes questions connexes. Ce qui n'exclut pas une pensée capable d'ambitionner de grands projets ou une vocation, mais qui se préoccupe tout de même beaucoup de catégoriser, de délimiter les différentes frontières dans lesquelles on travaille.

L'une des personnalités interrogées a défini ainsi le style d'une personne incarnant ce modèle de pouvoir masculin : monobloc, construit sur sa seule vie professionnelle, concentré, polarisé sur les contingences du moment. Avec cette conclusion : « Ces gens confondent souvent les attributs du pouvoir avec le vrai pouvoir qui est, comme tout le monde le sait, la capacité d'améliorer la vie. »

Le modèle de pouvoir féminin, lui, semble, à travers les interviews, moins orienté vers les objectifs et beaucoup plus vers le chemin ou les processus qui mènent aux objectifs.

La motivation de base est très différente. Ni recherche d'autonomie, ni déclaration d'indépendance personnelle, elle est d'abord concernée par *les effets* que l'application du pouvoir vont avoir sur les sujets. Les personnes se servant de ce type de pouvoir ont un impératif crucial qui est l'orchestration des relations, clés de réponses efficaces et de résultats beaucoup plus sûrs, selon eux, que ceux obtenus via une démarche égocentrique ou d'expansion territoriale. C'est l'harmonie dans l'interactivité qui est la motivation de base du pouvoir de style féminin.

Ces personnes se focalisent sur les processus en cours, les effets, les changements incessants que les environnements en mutation constante imposent, beaucoup plus que sur la conclusion, l'objectif, le but. Ce style de pouvoir semble être plus à l'aise avec la notion de cycle, plus circulaire que linéaire…

Plutôt que de séparer, distinguer, compartimentaliser, le style de pouvoir féminin favorise l'assemblage, le mélange, le couplage. C'est donc une recherche d'intégration des différences et d'interpénétration des variables, des idées, des individus qui est alors mise en œuvre. Au lieu de la coercition, la compensation ou la négociation dure, les personnes qui détiennent ce type de pouvoir féminin utilisent l'influence relationnelle d'attachement, d'identification et d'affection.

Ainsi, lorsque la distance psychologique entre le détenteur et le sujet du pouvoir diminue, les traits communs s'accentuent et la solidarité se fait automatiquement. Ici la préoccupation de la stimulation et du dépassement de soi peut être présentée aux sujets par le détenteur du pouvoir : sa crédibilité est réelle. Car la logique de ce type de pouvoir est associative et non catégorielle. Les sujets perçoivent donc bien que les réalités qui entourent les détenteurs du pouvoir, aujourd'hui et a fortiori demain, sont multi-facettes, complexes, et qu'il ne convient pas de les réduire si on veut obtenir les meilleurs résultats possibles.

Selon la majorité des participants, la tendance en France évolue vers le module du pouvoir féminin parce que c'est une démarche qui obtient une véritable légitimité de la part des sujets subordonnés, une autorité réelle et un pouvoir d'influence important. Il y a en effet nettement moins de résistance de la part des individus qui en composent la cible que dans le style de pouvoir typiquement masculin, tel qu'il a été décrit par les interviewés.

Le style de pouvoir idéal existe-t-il ? Évidemment non ! Trop de composantes entrent en jeu, on le sait...

Mais il y a sans doute des manières qui sont aujourd'hui obsolètes, non pas pour une raison de mode quelconque, mais parce que c'est leur efficacité même qui est en cause. Or le pouvoir, s'il n'est pas efficace, qu'est-il ? Une agitation.

Je perçois aujourd'hui, à la lumière des observations faites depuis de nombreuses années et grâce à l'éclairage des interviews récentes, qu'on peut tenter de dégager, avec incertitude, mais espérance tout de même, trois profils de dirigeants d'un genre nouveau que j'appelle, à défaut de trouver mieux, des dirigeants matriharmoniques.

C H A P I T R E   1 0

Le scénario matri-harmonique ou l'apport d'un système de pouvoir inspiré par les valeurs féminines

Si les valeurs féminines sont capables d'apporter des réponses à l'instabilité d'une part, et à l'imprévisibilité des événements d'autre part, alors elle vont engendrer à leur tour de nouvelles valeurs dites matri-harmoniques.

Valeurs féminines, valeurs d'harmonie, marions-les, marions-les…

Demain, les nouvelles règles d'une écologie sociale, économique et culturelle risquent fort d'être l'hyper-complexité, la fragilité, l'instabilité constante, le désordre et la mutation sans fin. En réaction, deux dynamiques de développement s'opposent tels que décrites dans les deux scénarios Challenger et Bastide. Il s'agit bien d'une mutation des modèles de fonctionnement collectif et de styles de vie, formes de réponse individuelle et collective à ce nouvel écosystème caractérisé par le désordre.

Mais d'autres tendances se dessinent dont l'une des plus fortes est la montée des valeurs féminines observée dans les pays européens. Ces valeurs féminines apportent une réponse à la fois à l'instabilité chronique et à l'imprévisibilité générale perçues de façon diffuse comme la résultante d'un système de pouvoir masculin. Ces valeurs féminines apparaissent aussi comme une manière viable d'assumer les conséquences du désordre environnant, moins oppositionnelle et plus consensuelle. Au CCA, nous appelons ces valeurs féminines, et les nouvelles attitudes qu'elles engendrent, les valeurs matri-harmoniques. Rappelons cependant qu'en parlant de valeurs féminines, nous ne parlons ni des hommes ni des femmes, mais de valeurs qui peuvent, bel et bien, se trouver chez les représentants des deux sexes !

Le scénario matri-harmonique ne remplace pas les deux scénarios d'adaptation au désordre que sont Challenger et Bastide animés tous deux par les mêmes objectifs, la survie d'abord, et l'expansion ensuite, si le destin le permet. Le système matri-harmonique aurait plutôt un effet modérateur, équilibrant, pour ces deux systèmes radicaux : il favorise un renouveau des valeurs d'assimilation communautaires pour ceux qui sont en périphérie des normes sociales, à l'instar de la référence systémique où l'on accepte qu'aucun élément puisse être apprécié et estimé *en dehors* de son contexte environnant, avec toutes les interactions que cela implique.

Cette position est en contradiction avec les deux précédents modèles, car Challenger s'adapte en accompagnant les déséquilibres et les désordres par des réflexes qui sont autant de réponses ciblées aux problèmes. Dans le système Bastide, la déstabilisation extérieure et omniprésente est irrémédiable, d'où l'aspiration à se ménager un microcosme, un havre de paix.

Les valeurs matri-harmoniques s'opposent à cette analyse, refusant la logique froide, objective, purement intellectuelle, quantifiable et préférant une approche plus instinctive, où les sentiments et la compassion ont leur part. Les valeurs féminines, dans le scénario matri-harmonique, permettent un meilleur équilibre entre la flexibilité, la mobilité imposées dans Challenger, et l'ancrage sécurisant de Bastide. Une tentative de synthèse entre des exigences ou des aspirations apparemment opposées qui doivent être liées en une dialectique dynamique : plus les institutions favorisent les entreprises multinationales, plus il faut renforcer et encourager la démocratie locale et micro-locale de proximité ; plus on souhaite volontairement une intégration supranationale, plus il faut encourager les particularismes et les cultures régionaux ; plus les mesures sont imposées par des impératifs macroéconomiques, plus il faut tenir compte des besoins locaux et de la logique micro-sociale.

Mais pourquoi des valeurs féminines pour répondre à ces nécessités ? Parce que, dans l'esprit des populations européennes, les nouveaux principes d'exercice de la responsabilité politique ou du pouvoir en général sont obligés de s'éloigner du stéréotype classique du pouvoir masculin : l'autoritarisme sans explication (« c'est ainsi », ou « c'est l'habitude »), l'intransigeance butée, l'étalage de la force, le débat conflictuel, l'ambition conquérante, l'affirmation et les promesses péremptoires, toutes ces manières d'autrefois ne fonctionnent plus : elles ont perdu leur crédibilité, elles ne s'imposent plus d'office. L'autorité incitative, persuasive, en gants de velours prend le pas sur l'autorité impérative qui n'engendre plus à coup sûr le respect.

L'affaiblissement de l'intransigeance, du « tout ou rien », l'absence de nuances ou d'alternative médianes ont fait leur temps ; désormais, ce qui est exigé est bien la négociation, le sens du compromis, une pensée plus nuancée intégrant non seulement la logique de la raison, mais aussi celle de la complexité des émotions. Autant d'inflexions que l'on peut constater d'ailleurs, hors du champs politique, dans la manière dont les parents, aujourd'hui, éduquent leurs enfants, ou les éducateurs leurs élèves…

Le « Ça passe ou ça casse » n'a plus guère le vent en poupe. On préfère le réformisme, le pas à pas, progressif, sans rupture ni agressivité, pour ceux qui sont les moins préparés aux changements…

On assiste partout aussi à une réduction du formalisme, du juridisme compassé et à l'émergence des concepts d'engagement informels, de contrats de confiance où prime l'esprit d'entente, sans cérémonie, sans formalisation excessive.

La vitesse, la rapidité « opérationnelle » d'une efficacité à l'instant T, l'impatience incendiaire, tous ces excès qui ont été tellement portés au pinacle cèdent peu à peu devant d'autres traits qui se nomment attention à autrui, intérêt aux processus plus encore qu'aux objectifs finaux, encouragement des valeurs de patience et de persévérance, revalorisation du partage et de la générosité des forts pour les faibles et les fragiles.

La gestion matri-harmonique d'une communauté humaine, d'une ville, d'un village, d'une entreprise ou d'un État cherche à susciter un ensemble de micro-consensus à tous les niveaux (branches, localités, services, unités de travail, etc.). Elle reconnaît la diversité des sensibilités et des modes de vie, elle sait en tirer parti en faisant converger et se coordonner les énergies vers un *intérêt commun* partagé par la majorité des différents groupes de participants.

Dans l'entreprise, selon le scénario Challenger de culture masculine, le changement est volontariste, imposé par la direction qui est censée voir mieux et plus loin que la base. La mutation est imposée comme un mal nécessaire – que de révolutions ont eu lieu au nom de la nécessité impérieuse –, mais se sont avérées par la suite moins nécessaires et aussi impérieuses ! La manière autoritaire d'imposer les changements se paie souvent au prix fort, sous forme de temps perdu, de difficultés d'adaptation ou de résistances larvées.

L'influence des valeurs matri-harmoniques dans un environnement en mutation ou dans une entreprise en pleine évolution prône une maturation innovatrice : elle consiste à faire évoluer les citoyens/employés eux-mêmes, afin que ce soit eux qui rencontrent les difficultés, qui reconnaissent la nécessité de bouger et qui proposent des solutions de changements dans leur mode de vie ou leur travail. C'est un mécanisme de transformation quasi biologique. L'analogie biologique se prolonge même dans le temps que l'on accepte de « perdre » en période de gestation d'un projet, jusqu'à ce que mûrisse la solution la plus mobilisatrice pour ceux qui sont concernés, temps qui sera économisé ensuite grâce à l'élimination des points d'achoppement ou de résistance.

Tous ces exemples illustrent des attitudes, des comportements qui découlent de valeurs plus féminines que masculines.

Il est clair que dans un environnement gouverné par les valeurs féminines, on ne peut pas apprivoiser la diversité culturelle à l'aide de la notion formelle de vérité objective…

Même les systèmes de valeurs scientifiques risquent d'être touchés par la progression des valeurs féminines dans nos sociétés, valeurs qui s'imposeront comme clés d'une nouvelle forme de progrès. D'une notion de bivalence où tout est simplifiable et réductible, nécessairement noir ou blanc, nous irons vers une tendance influencée par les valeurs féminines qui conduira à la multi-valence : toute chose ou situation est complexe, avec de multiples facettes, des contrastes tranchés. On tiendra compte des nuances et des différents tons de gris. Ainsi, au lieu d'une définition binaire – c'est 0 ou 1 – on réfléchira à ce qui se passe entre 0 et 1. Dans un monde d'experts, on passera du prévisible, au *préférable,* plus difficile, mais parfois plus désirable pour tout le monde. De même, à une mémoire faisant appel à la répétition, on préférera une mémoire associative où l'intuition et l'émotion jouent un rôle majeur. La mutation d'une analyse froide qui cherche un sens objectif et si possible universel, vers une analyse systémique qui indique une multiplicité de sens autour d'un premier type de lecture.

En ce qui concerne le fonctionnement de l'entreprise dans le scénario matri-harmonique, la récession économique, la concurrence internationale, les avancées technologiques ont contribué à déstabiliser les principes et schémas enseignés dans les années 70 et 80 à la Harvard Business School ou pratiqués dans nos entreprises et organisations. Le management anti-crise, qui s'est majoritairement développé depuis trois ou quatre ans, avec ses dégraissages, *downsizing* ou autre *re-engineering,* obéit encore aux valeurs masculines. On privilégie ainsi la santé de l'organisation plutôt que la survie des personnes qui y travaillent. En adoptant comme critère premier de bonne santé de l'entreprise des indices purement quantitatifs, on ne valorise ni l'expérience, ni la compétence, ni les liens affectifs qui disparaissent avec des valeurs acquises dans l'entreprise. Dans le scénario Challenger, on aurait aussi tendance à négliger la mobilisation consensuelle du personnel par l'ambiance de travail, l'esprit maison, au profit de leviers de motivation individualistes, de profits personnels. Le management Challenger faisant appel aux seules valeurs masculines de compétitivité, d'agressivité et d'individualisme a, on le voit, un effet dévastateur sur le moral du personnel, ce qui entraîne d'immenses difficultés à le remobiliser. Une autre approche est nécessaire : l'important sera, de plus en plus, le sevrage des habitudes acquises, puis l'encouragement plutôt que le forcing ou le « rentre-dedans » façon bulldozer…

L'implication affective apparaît comme un meilleur levier de mobilisation qu'une approche managériale objective, quantitative et, à tout prendre, peu humaine.

En d'autres termes, dans le scénario matri-harmonique, les principes et les pratiques dits féminins proposent – et c'est là leur atout majeur – une tendance, une alternative au management de l'entreprise, non seulement sur le plan humain mais aussi sur celui de la rentabilité économique.

Reste à voir comment et d'où émergeront les futurs dirigeants d'un pouvoir fondé sur ces valeurs matri-harmoniques…

CHAPITRE 11

Vers de nouveaux profils de dirigeants matri-harmoniques

Ils seront intégrateurs, catalyseurs ou visionnaires. Et leur savoir-être comptera davantage que leur savoir-faire.

Autant d'indications pour une vraie mutation des valeurs indispensables aujourd'hui pour tout leadership politique, économique ou social.

Mutation ? Révolution, oui !

LES NOUVEAUX PROFILS DE DIRIGEANTS matri-harmoniques concernent tous les types de leadership, qu'il soit politique, social ou managérial. Dur métier d'ailleurs que d'être dirigeant…

Aujourd'hui, dans cette période de post-crise, il leur faut répondre sans hésitation à toutes sortes d'exigences tyranniques : se montrer capable de rapidité de décision et de réflexion stratégique d'une part, satisfaire des clientèles qu'elles se nomment sujets-citoyens, actionnaires, bailleurs de fonds etc., de l'autre. Les dirigeants sont donc condamnés, sous peine de blocage du système, et quels que soient les types d'organisations, à déléguer et à encourager la prise de responsabilités. De plus, dans les entreprises ayant subi une réduction du personnel, les traumatismes sont tels, en particulier chez les cadres, qu'ils est urgent de réinventer une culture nouvelle, condition *sine qua non* pour permettre à tous, personnel et cadres, de reprendre des initiatives et de retrouver le goût de la prise de risques.

Dans un tel contexte, le management de tradition masculine aurait tendance à mettre l'accent sur le pouvoir direct et le contrôle autoritaire en limitant la liberté d'action, en multipliant les règles et les interdits comme pour des adolescents « qu'il faut mater ». L'envers de la médaille est bien connu : le personnel infantilisé considère que le succès de l'entreprise est principalement l'affaire des patrons, et non la sienne. Et lorsque la crise est passée, il réclame une redistribution immédiate des profits sans considération pour une logique de gestion qui n'est pas la sienne puisqu'on ne l'a a pas fait participer à sa mise en œuvre. « Ce sont eux qui donnent les ordres, c'est donc à eux de se débrouiller… »

Ce constat, fréquent, devrait inciter plus d'un dirigeant à réviser les procédés et chercher d'autres pistes pour d'autres manières de faire ; mieux, pour d'autres manières d'être…

Du savoir-faire au savoir-être

Posons par hypothèse que les valeurs féminines deviennent dominantes ; imaginons aussi que cette hypothèse n'est pas destinée à un avenir lointain, mais qu'elle est en train de se réaliser. Alors, dans ce contexte, les valeurs, en effet, changent : il importe moins d'avoir un métier et donc d'avoir de l'autorité que d'*être* une autorité.

De nouveaux profils de managers d'organisations politiques, sociales, de corporations ou tout simplement d'entreprises émergent de cette tendance. Ils ou elles sont moins remarquables par leur agressivité, leurs capacités de bagarre ou de défense acharnée des principes, mais se font remarquer, au contraire, par leur aptitude à être dans leurs fonctions professionnelles comme dans leur vie en dehors du travail. Leur capacité à inspirer confiance est capitale, aussi bien vis-à-vis de leurs subordonnés que de leurs supérieurs. On attend d'eux d'ailleurs qu'ils soient capables, lors de situations conflictuelles, d'harmoniser des points de vue opposés. Autant dire que le nouveau dirigeant doit être fort et subtil à la fois : l'autorité, le professionnalisme, l'expérience sont indispensables certes, mais ce n'est pas suffisant.

Il faut aussi au dirigeant matri-harmonique la compétence, le comportement du catalyseur, du médiateur, capable de mobiliser émotionnellement par l'influence oblique, capable de susciter l'implication affective du personnel, capable de favoriser la convergence des énergies. De cette manière, il devient alors l'autorité d'arbitrage compréhensive de différents points de vue, en mesure, ainsi, de fédérer des attitudes divergentes en vue d'un consensus dynamique. Savoir-être, autant que savoir-faire, force moins physique, intellectuelle ou technique, mais certainement plus psychologique, émotionnelle et affective.

Le dirigeant matri-harmonique n'est cependant pas tout d'une pièce ! Il peut avoir l'essentiel des qualités et des compétences qui viennent d'être citées, mais sa personnalité et son expérience pourront naturellement être très différentes.

Il m'a semblé possible, à cet égard, de déterminer trois typologies de leader-manager fondées sur les valeurs féminines : l'intégrateur, le catalyseur, le visionnaire.

L'intégrateur

Parmi les qualités essentielles que devraient posséder les dirigeants de nos organisations politiques, sociales ou économiques, l'une des plus importantes est *l'interactivité*, autrement dit la capacité à dialoguer avec ses alter ego, interlocuteurs, collaborateurs, à l'intérieur et à l'extérieur de l'organisation.

Depuis les années 60, quels que soient le pays, les structures ou les entreprises, nous avons vu se développer des modes de vie toujours plus individualistes d'une part et hétérogènes d'autre part ; le scénario Challenger en est un résultat. Cependant, la crise économique, sociale et culturelle des années 90 a provoqué une contre-courant : on parle beaucoup de l'éloignement, du fossé entre les institutions et les citoyens, de l'absence de solidarité dans la société, des lois de la jungle économique. Le sentiment de n'être rien dans un monde indifférent, et plus encore l'impression d'être manipulé comme un objet par des pouvoirs discrétionnaires, lointains et abstraits, ne cesse de progresser. Ainsi le besoin de participation personnalisée est-il né de cette frustration, de cet anonymat : c'est le besoin de compter pour quelque chose.

Dans la vie politique et sociale par exemple, d'aucuns réclament d'être préalablement consultés sur tout ce qui pourrait modifier leurs conditions de vie. Dans l'entreprise aussi, un dialogue social préalable aux décisions est réclamé, avec tous les niveaux d'exécution et pas seulement les représentants institutionnels. De même, pour les produits et plus encore pour les services, la tendance est à la personnalisation, au sur-mesure, aux commandes à la carte…

La typologie de pouvoir fondée sur les valeurs féminines profite de ce courant de personnalisation, mais induit aussi une certaine humanité, une présence émotionnelle et affective. C'est précisément là que le dirigeant -intégrateur trouve toute sa place.

Dans les organisations et les entreprises qui travaillent en réseaux, dans les partis politiques, il sert d'interconnexion. C'est un double relais : d'abord il cherche à harmoniser les préoccupations et les motivations des usagers extérieures (clients, citoyens, et marchés) avec les capacités de son organisation. De plus, l'intégrateur ayant une connaissance complète du fonctionnement et des spécificités de production, il cherche à les faire passer à l'extérieur de l'organisation, auprès des populations qui ne les connaissent pas, pour mieux rapprocher les attentes externes et les capacités internes de son organisation. Il développe un sentiment de proximité non seulement physique, mais aussi psychologique, une forme de familiarité entre l'organisation et son environnement, et vice versa, afin de créer un climat de confiance et chercher ensuite à simplifier la vie de ses interlocuteurs grâce à la stabilité de son comportement (savoir-être) et de son savoir-faire.

Le chimiste et philosophe Ilya Prigogine, prix Nobel, énonce de manière très pertinente le contexte dans lequel le modèle de manager-intégrateur est indispensable : « Une organisation qui réussira demain sera un système ouvert. Quand elle sera en phase d'expansion, elle deviendra encore plus complexe. Et plus une organisation est complexe, plus elle génère d'entropie. Et plus d'entropie est générée, plus l'organisation doit fournir d'énergie. Et plus on fournit d'énergie, plus l'organisation risque d'être déstabilisée, et doit donc se restructurer ». L'intégrateur a pour rôle de comprendre, assimiler et incorporer à son travail l'essence de cette citation et la faire ensuite comprendre et partager à ses partenaires.

Le catalyseur

Une deuxième typologie de détenteur du pouvoir à tendance féminine, est celle du catalyseur. Il n'est pas au sommet de l'organisation et ce n'est pas non plus celui qui donne tout le temps des ordres. Le catalyseur est au centre de l'organisation ; c'est autour de lui que les choses se passent. Du fait de son charisme, de son influence oblique, sa fonction se rapproche de celle d'un chef d'orchestre. Le catalyseur connaît les forces et les faiblesses de chacun de ceux qui, de près ou loin, font partie de son environnement organisationnel. Homme ou femme de consensus, le catalyseur inspire confiance, mobilise par son influence et son implication affective dans son travail.

En effet, l'un des grands changements dans la gestion des individus est désormais le passage de la notion de contrôle, essentielle pour le management des années 70/80, à la notion de fluidité d'architecture. Les maîtres-mots de toute organisation sont désormais équilibre et harmonie. Le catalyseur, précisément, est accessible et en dialogue constant avec son environnement. Il reconnaît dans l'architecture que la périphérie et le centre de l'organisation sont interdépendants. Si le centre est trop fort, un déséquilibre risque de s'installer au détriment du bon fonctionnement général de l'organisation. Il sait par conséquent instiller de la souplesse, quand il le faut, dans les relations entre les différentes parties de la structure. Son but est l'harmonisation positive du potentiel de son équipe.

Si la périphérie est mésestimée, c'est tout le système de perception et de gestion qui est mésestimé aussi : il lui faut veiller à un équilibre vrai entre le centre et la périphérie.

Le catalyseur n'est pas un stratège. Il est plus intéressé par le bon fonctionnement des équipes à l'intérieur de son organisation que par les stratégies et les objectifs changeants à cause de la conjoncture économique, fixés par la direction. Le catalyseur réunit les qualités d'un alchimiste qui cherche plutôt la transmutation des qualités humaines en éléments encore plus performants ; ou encore celles d'un chorégraphe qui doit combiner harmonieusement objectifs de la structure et mode d'emploi sur le terrain des acteurs/partenaires.

Le catalyseur ne cherche pas la volupté du pouvoir, mais goûte l'influence que son entourage lui donne volontairement puisqu'il bonifie, par cette influence, les qualités et les mérites de ceux qui l'entourent.

Il est incontestablement le détenteur de pouvoir le plus typique du scénario matri-harmonique fondé sur les valeurs féminines.

Le visionnaire

Depuis 1990, la récession dans les pays industrialisés occidentaux a entraîné chaque année son lot de plans sociaux. Aux États-Unis, ATT a supprimé plus de 40 000 emplois, dont 24 000 postes de managers. En France, nous avons vu des cas semblables, même s'ils ne se situent pas à la même échelle. Certaines entreprises annoncent des bénéfices en augmentation et, dans le même temps, ferment des usines. Il est clair que les bons résultats de ces entreprises sont plus souvent dus à une réduction des coûts qu'à une augmentation de la productivité ou à une croissance des parts de marché…

Le corollaire de ces tendances, dans nos sociétés et dans nos entreprises, est facile à détecter : c'est l'érosion de la confiance des citoyens dans ses leaders politiques ainsi que l'érosion de la confiance du personnel vis-à-vis des dirigeants d'entreprises. Résultat inévitable : au-delà de l'écœurement, de la colère ou de la résignation, une moindre participation des citoyens aux projets collectifs, une moindre implication du personnel dans son travail.

Aujourd'hui, et a fortiori demain, pour renouer avec la confiance, le visionnaire est indispensable à tout parti politique, mouvement social ou entreprise.

Le visionnaire est non seulement celui qui a, d'abord, une perception de l'avenir, mais qui, sous sa responsabilité, sait comment vont se réorganiser les choses : il détecte les dénominateurs communs des attentes et des motivations des membres et/ou des partenaires de son organisation, et il est capable de convaincre tout un chacun de la nécessité des actions à entreprendre. Il exprime clairement le sens de la marche à suivre, l'éthique à appliquer, les choix à faire. Puis il stimule les efforts des différents individus composant l'organisation.

En outre, le visionnaire, sorte de tête chercheuse, anticipe les tendances, trouve les créneaux juteux, prépare le terrain pour les changements à venir. Sa méthode s'appuie sur le feeling, l'intuition, une intelligence plus émotionnelle qu'analytique. Il est davantage un artiste qu'un artisan.

Les valeurs féminines typiques de ce visionnaire sont doubles : d'abord cette capacité d'intuition basée notamment sur l'imagination ; puis celle d'entreprendre sans forcément s'appuyer sur ce qui est raisonnable ou rationnel. Grâce à son feeling, le visionnaire est aussi capable – et ce n'est pas rien – de convaincre son entourage de l'intérêt de se mobiliser.

J'aimerais dire, en conclusion de ce chapitre, que l'on peut tout à fait discuter des aspects masculins, ou féminins du profil de l'intégrateur, du catalyseur ou visionnaire tels que je viens de les décrire. Mais, ce qui est très clair, à mes yeux, c'est que cette typologie est *à l'opposé* du techno-gestionnaire incarnant typiquement les valeurs masculines qui nous ont amenés là où nos sociétés en sont aujourd'hui.

CHAPITRE 12

Les huit points cardinaux de la mutation du pouvoir

Qu'il soit familier, rationnel, expert ou charismatique, le système de pouvoir a son style, ses tics, ses forces et ses faiblesses. Bilan.

Soutenu par un réseau d'autorité, un réseau extensif, intensif ou diffus, ce pouvoir s'exerce selon une légitimité qui, aujourd'hui, est bousculée.

On ira donc (chapitre roboratif s'il en est…) y voir de près ce qui peut, ce qui va devoir changer.

EST-IL VRAIMENT CONCEVABLE que les valeurs dominantes, masculines, perdent leur primauté dans notre société ? Plus précisément, est-ce que les valeurs féminines peuvent réellement remplacer un système de valeurs basé sur le patriarche, le guerrier, le chef, bref l'homme – valeurs ancrées dans notre société depuis plus de mille ans ? Comment ces valeurs peuvent-elles pénétrer les citadelles masculines que sont nos institutions, nos partis politiques et nos grandes entreprises ?

Peut-être faudrait-il ici définir comment le pouvoir dominant fonctionne dans nos sociétés. Car chaque pays, chaque société est un carrefour d'ethnies et une confluence de données démographiques, d'usages socioprofessionnels, de cultures régionales. Ces cultures sont contiguës et parfois en concurrence les unes avec les autres. Dans ces conditions, *la culture dominante* est celle qui constitue la synthèse des caractéristiques et entraîne donc, en quelque sorte, un consensus. Celui-ci s'impose par ses pratiques et les médias reflètent (et contrôlent, parfois...) les comportements et les habitudes des populations, leurs valeurs, leur langage symbolique. Moins structurées, moins vigoureuses ou moins repérées par les médias, les autres cultures sont alors subordonnées à la culture dominante.

Celle-ci ne cherche pas d'ailleurs à éliminer les autres cultures (sauf dans les pays totalitaires), mais elle dicte les règles du jeu, renforce ses affirmations, transforme ses erreurs en réussite et ses défauts en vertus. La culture dominante normalise des attitudes et des valeurs qui, dans d'autres pays, pourraient sembler aberrantes ou contradictoires.

Voici un exemple de la manière dont une culture dominante impose ses valeurs, sa normalité. Les Jeux Olympiques, selon Pierre de Coubertin, sont censés être l'expression pure de l'esprit sportif. Or, à Atlanta, en 1996, la commercialisation débridée a presque réussi à masquer les valeurs du sport ! Les Jeux ont, en tout cas, montré au monde l'image du matérialisme à son apogée. Curieusement, on sait que les États-Unis sont un pays extrêmement religieux, avec plus d'individus allant à l'église chaque semaine, plus de croyants que dans tout autre pays du monde et une culture qui tient tellement à ses valeurs morales et éthiques qu'elle se permet de donner des leçons de vertu civique à d'autres pays...

Tout ceci est apparemment contradictoire, mais en réalité la culture dominante est sereine car, aux États-Unis, matérialisme et spiritualité vivent en symbiose dans les *valeurs dominantes* : l'éthique protestante, compagne de l'histoire de ce pays et de ses pionniers. Selon cette culture, en effet, la prospérité et le succès sont des signes de faveur divine, la réussite matérielle le pendant d'une vie spirituellement forte. Ainsi la religion autorise le matérialisme (et parfois en fait appel à la télévision) et le matérialisme est fréquentable par la religion !

Vu de l'extérieur, avec d'autres cultures, cela peut étonner, voire choquer. Mais aux États-Unis, la symbiose fonctionne parce que, comme dans toute culture dominante, il y a acceptation consensuelle de cette coexistence par tous.

Les problèmes émergent lorsque le consensus sur les valeurs dominantes s'affaiblit ou devient même minoritaire. C'est à ce moment là que les questions de pouvoir sont primordiales.

Chaque société forme un environnement dans lequel différents intérêts veulent s'imposer en termes d'idées, d'idéologies ou de programmes. Ils sont obligés de s'adapter, de renforcer ou encore de briser la culture dominante. Généralement, le désordre et le chaos implicite de cette dernière option sont suffisants pour en dissuader tout le monde, à l'exception éventuelle d'une infime minorité…

Pour nous, c'est l'option d'adaptation qui est centrale. Et dans cette démarche d'adaptation, quatre types de pouvoir consensuel et de légitimité existent, qui défendent plus ou moins la culture dominante et les valeurs sociales. Ces systèmes sont communs au système macro-social dans son ensemble et aux systèmes microsociaux que sont les clans, les municipalités, les groupes de pression, les familles, etc.

J'aimerais passer en revue ces quatre systèmes de pouvoir afin d'indiquer comment les valeurs dominantes y diffèrent.

Le système de pouvoir familier

Il tire sa légitimité de son aspect traditionnel et de sa pérennité dans le temps. Sa force tient à sa capacité d'obtenir un consensus, un accord général des personnes grâce à l'habitude ou à l'accoutumance.

La culture prépondérante ici s'oppose au dérangement, à l'accidentel, à l'exceptionnel, au changement. Ceux qui contrôlent le pouvoir familier cependant, que ce soit la Reine d'Angleterre ou le patriarche d'un village cévenol, savent que leur pouvoir est consensuel et légitime tant qu'ils respectent les us et coutumes de leur environnement. Des écarts par rapport à la culture dominante finiraient par les rendre illégitimes.

Ce système de pouvoir familier est chronique dans de nombreuses institutions ancrées dans les habitudes, souvent fondées sur l'empirisme, mais néanmoins génératrices d'automatismes disciplinés, pas toujours intelligents. Ainsi dans ces institutions, le recrutement aux postes clés se fait moins souvent en fonction de la compétence, mais plutôt par la cooptation d'un familier, camarade de classe ou éventuellement par piston…

Le système de pouvoir rationnel

Chaque système social tend vers l'ordre et l'équilibre : équilibre interne en ce qui concerne les comportements humains et équilibre externe vis-à-vis d'autres systèmes sociaux.

Deux éléments dominent le consensus légitime de ce système de pouvoir. Le premier est la recherche de stabilité, le deuxième la représentation des valeurs sociales des citoyens qui le composent. Dans cette recherche de stabilité et de représentativité, le pouvoir rationnel bénéficie d'un consensus majoritaire parce qu'il assure l'équilibre et la représentation. Le pouvoir rationnel cherche donc à la fois l'équilibre de la société et son maintien en position de force et d'influence.

C'est le système démocratique qui, comme disait Winston Churchill, « est le plus mauvais système de gouvernement, à l'exception de tous les autres ».

On connaît les défauts de ce système de pouvoir et en particulier la manière dont ses dirigeants semblent juger leur environnement. Le comportement de la population est analysé avec une objectivité limitée, selon des valeurs masculines. On considère que si les citoyens ont un choix à faire, ils sont la plupart du temps guidés essentiellement par leurs propres intérêts.

Un deuxième axiome du pouvoir rationnel semble être qu'une fois que les citoyens ont fait un choix, ils sont censés rester cohérents et fidèles à ce choix. Ce qui, pour le pouvoir, permet théoriquement d'envisager des actions pour l'avenir... Or, on voit bien que rien n'est aussi simple et rationnel.

Une intelligence intuitive ou instinctive (et pas seulement rationnelle) pourrait ajouter que ces deux axiomes ne sont ni omniprésents ni invariables dans le comportement des citoyen, loin de là ! Seulement, ils ont le mérite d'être simples, faciles à appliquer dans les raisonnements et capables surtout de justifier les décisions prises. Si les résultats de ces décisions ne confirment pas cette hypothèse, la faute en est alors aux citoyens, responsables de comportements irrationnels... CQFD.

Le système de pouvoir expert

Nos institutions et nos entreprises s'orientent de plus en plus vers des compétences spécialisées, recherchant des performances quantitatives et qualitatives toujours plus efficaces. La technostructure d'experts existe depuis longtemps et, avant d'être sur le devant de la scène, elle participait dans l'ombre à l'exercice du pouvoir, au service du pouvoir rationaliste. Ce furent les clercs d'abord, puis les diplômés issus de la bourgeoisie, capables de gérer avec compétence les affaires des barons de l'industrie ; les fonctionnaires ensuite jouèrent le même rôle de serviteurs, experts et dévoués, auprès des institutions et de l'État.

Au départ, l'opinion, les électeurs, les travailleurs ont vu dans ces technocrates des chefs stables, rassurants, avant tout compétents et neutres, objectifs et équitables, consacrant leur énergie et leurs ambitions à la gestion du bien-être collectif plutôt qu'à des combats d'idées ou des querelles d'appareil politique.

À partir des années 60, ces techno-gestionnaires sortent de l'ombre et de leur statut d'experts-conseils pour briguer une partie du pouvoir dans les ministères, la haute administration et l'encadrement supérieur des entreprises. Dans les années 70, ils entrent véritablement en politique comme en affaires, au niveau décisionnaire le plus élevé. Ils s'intègrent alors parfaitement au pouvoir rationnel, mais perdent de leur spécificité, leur domaine d'expertise étant dépassé tout comme le consensus qu'ils représentaient jadis.

La remise en cause du pouvoir expert survient lorsque l'ensemble du système élitaire de pouvoir (pouvoir familier, pouvoir rationnel, pouvoir expert) apparaît improductif et qu'aucun système de pouvoir en place ne peut maîtriser le présent et surtout l'avenir. En d'autres termes, lorsque les techno-gestionnaires ne sont plus capables d'appliquer leur expertise à une situation problématique, ou ne savent pas maîtriser les difficultés qui leur incombent. Alors, lorsqu'aucun pouvoir ne paraît en mesure d'offrir une alternative crédible, ce qui est la situation dans laquelle la France se trouve à la fin de cette décennie, de nouveaux acteurs, issus de la population et incarnant de l'espoir, apparaissent. C'est le quatrième système de pouvoir.

Le système de pouvoir charismatique

Ce système de pouvoir est basé sur les qualités remarquables et les valeurs personnelles d'un individu. Pour disposer d'un semblant de pouvoir, c'est une légitimité nouvelle qui doit alors se construire, fondée sur la confiance de la population. On assiste à une convergence de ses valeurs avec celles du plus grand nombre et de cette base naît une dynamique sociale consensuelle.

Le type d'autorité conférée alors est exceptionnel. À l'opposé du pouvoir familier puisqu'il n'y a pas de lien personnel avec le nouveau dirigeant, à l'opposé du pouvoir rationnel puisque son intuition y est prééminente, à l'opposé aussi du pouvoir expert puisque ce n'est pas sur ses compétences techniques que le nouveau dirigeant a été sélectionné.

Cependant le phénomène du pouvoir charismatique est très souvent temporaire et instable (le détenteur peut changer d'idée, ou encore disparaître). C'est pour cette raison que le système de pouvoir charismatique cherche très vite à installer ses idées dans une infrastructure de pouvoir rationnel (symboliquement ou par l'image) qui intègre les idées du leader charismatique tout en s'appuyant sur une bureaucratie, de manière à pérenniser ses idées ou son idéologies qui, autrement, perdraient de leur force avec le temps (de Gaulle, l'UDR, le RPR).

Ce qui semble évident dans ce survol des systèmes de pouvoir, c'est qu'un changement des valeurs dominantes ne peut provenir que d'une lente dégradation de la crédibilité et de la légitimité des pouvoirs familier, rationnel ou expert et, en même temps, de l'arrivée du pouvoir charismatique.

Est-il possible de deviner par quelle voie, dans quelle direction apparaît un tel pouvoir charismatique ? Peut-être, car si l'on examine les fondations des quatre systèmes de pouvoir décrits ci-dessus, on s'aperçoit qu'ils sont portés par quatre réseaux de soutiens, d'appuis, qu'on retrouvera dans tous les pays d'Europe occidentale.

Les réseaux d'autorité du pouvoir

Il s'agit souvent de l'expression directement issue du système de pouvoir rationnel examiné ci-dessus :

d'abord par le vote démocratique, soutenu par des groupes de citoyens réunis en parti, militants ou représentants du pouvoir en place. Ce réseau a pour fonction d'une part de pérenniser le pouvoir et les valeurs qu'il soutient, d'autre part d'être une source de suggestions pour le pouvoir central. Dans ce deuxième rôle, le réseau est moins écouté, puisque tout pouvoir légitime tendant à universaliser son propre modèle social ; il devient automatiquement, et progressivement, sourd aux contextes micro-locaux. Ce qui ne va pas manquer de susciter des problèmes lorsqu'une réelle adaptation du modèle de pouvoir sera exigée…

Encore plus grave, cette isolation du pouvoir central mène à l'hermétisme, le pouvoir refusant d'accepter que ses recettes et ses valeurs puissent être démodées ou en décalage avec la réalité des citoyens qui l'ont jusqu'ici sollicité.

Une autre fonction, contradictoire peut-être, de ces réseaux d'autorité n'est pas seulement d'imposer la volonté du pouvoir dans la région où opère le réseau, contre la volonté d'autres prétendants, mais d'empêcher aussi toute opposition à ses valeurs. On confond souvent la notion de pouvoir avec le fait de prendre des décisions et de les faire appliquer. En réalité, le pouvoir a une influence maximale lorsqu'il peut, par manipulation, éviter les situations dans lesquelles une décision est à prendre. C'est l'une des fonctions essentielles du réseau du pouvoir d'envelopper, d'étouffer et en général de noyer les initiatives, les projets, l'expression des valeurs des opposants au pouvoir en place.

Il est donc clair que ce type de réseau est un outil exclusivement à la disposition du pouvoir en place et de ses valeurs. Ainsi un changement de valeurs dominantes ne peut provenir de ce type de réseau au service de l'ordre en place. Cependant, après une maturation lente, pas toujours perçue par ses membres, des réactions très fortes peuvent apparaître, comme celles qui ont balayé cinquante ans de pouvoir de Démocratie sociale en Italie en 1993, ou encore la majorité RPR/UDF en France en 1997.

Le réseau extensif du pouvoir

Il s'agit d'un autre type de réseau et de système d'infrastructure du pouvoir qui, comme son nom l'indique, a une influence très large, visant majoritairement des masses de population géographiquement éparpillées. L'objectif est d'obtenir l'approbation de la majorité de la population autour d'un projet du pouvoir ou, si c'est l'opposition, contre le pouvoir en place.

Dans ce type de réseau, on recherche un minimum d'implication autour d'un thème cher au pouvoir ou aux prétendants au pouvoir. Le but est de créer un levier d'influence en faveur d'une cause, en stimulant un maximum d'énergie et de coopération.

Dans ce réseau de pouvoir, le rôle des médias est prédominant, car il conditionne les populations-cibles, à l'instar de l'agriculteur qui, pour préparer le terrain, passe sa charrue et ensuite ensemence...

Le réseau cherche à élargir le débat afin de mobiliser ceux qui, jusque-là, n'avaient pas d'opinion. Exemples : les éleveurs de bœufs face au problème de la vache folle, les Restos du Cœur, le Téléthon, Act-up.

Parfois, ces réseaux cherchent une tête de proue comme phare. Placée sur un piédestal médiatique, cette vedette (ou ces vedettes) est présentée comme l'incarnation des valeurs qu'il faut avoir face à ce problème. Admirer, oui, mais pas question d'imiter. Ainsi l'abbé Pierre, Jacques Cousteau, Mgr Jacques Galliot trouvent leur place dans ces réseaux extensifs.

Une variante de fonctionnement de ce type de réseau est la méthode provocatrice où, en exposant un scandale (l'ARC/Crozemarie), on démontre que les valeurs dominantes ont été bafouées, qu'il s'agit de se ressaisir et de le montrer en fanfare, tout en continuant à solliciter une contribution financière à la recherche contre le cancer...

Le réseau intensif du pouvoir

Cette fois, il s'agit, à l'opposé du réseau extensif, d'un réseau très organisé sur une population ciblée, mais très minoritaire. L'avantage intrinsèque de ce réseau est un grand pouvoir d'implication, de mobilisation et d'intériorisation de ses valeurs. Il recherche moins le spectaculaire et plus la réelle influence, puissante et efficace, fondée justement sur la qualité de ses participants actifs.

On trouve ces réseaux, discrets parfois, dans les organisations non gouvernementales, les lobbies, groupes de pression ou coalitions de pouvoir dans les institutions publiques ou les grandes entreprises privées.

Si les caractéristiques de ces réseaux sont la vigueur et une forte implication, la discrétion l'est également. Ils laissent de côté la virulence publique, la véhémence des critiques et l'emportement aux réseaux extensifs, car leur objectif n'est pas de polémiquer, mais d'atteindre leurs buts.

Il est possible que le fer de lance des valeurs alternatives et un changement des valeurs dominantes puissent émerger de ce type de réseau.

Le réseau diffus du pouvoir

Ce type de réseau est souvent composé de courants oscillants, de groupuscules de réclamations, partageant une morale, une éthique « naturelle ». La spontanéité de prises de position impulsives, presque inconscientes, caractérise ces réseaux. Souvent, leurs thèmes de mobilisation ne trouvent ni écho ni intérêt dans les autres types de réseaux. Alors ces micro-centres de pouvoir (centres d'interrelations, d'échanges d'idées) incubent sans bruit, couvent en quelque sorte, et deviennent matures. Ils sont peut-être voués à disparaître, mais il est possible de prévoir que si leurs attentes, justifiées ou non, sont ignorées, ces réseaux peuvent exercer une influence déterminante, jusqu'à remettre en cause la légitimité du pouvoir en place et des valeurs dominantes. (Exemples : les écologistes ou le mouvement anti-avortement.)

La remise en cause du pouvoir en place par un système de réseau

Une remise en cause du pouvoir légitime et de ses valeurs peut provenir des réseaux de type intensif ou encore de type diffus. Elle peut aussi apparaître en phase de critique ou de déni de confiance vis-à-vis du pouvoir, maturation lente que l'on peut qualifier de malaise de la société ou encore de sinistrose, pour reprendre les mots d'un ancien Premier ministre. Quoi qu'il en soit, et même si ces réseaux ne mènent pas à bien leurs projets, la crédibilité globale du système de pouvoir en place et de ses dirigeants est minée, silencieusement peut-être, et à tout le moins accélérée par le phénomène d'amplification des réseaux.

Pour une partie de la population, le pouvoir (et ses valeurs) perd insensiblement de sa légitimité sociologique tout en conservant sa légitimité institutionnelle formelle.

Le déni de confiance du pouvoir légitime survient lorsque l'ensemble du système de pouvoir apparaît voué à l'échec, c'est-à-dire lorsque les dirigeants en place et leurs méthodes ne paraissent plus maîtriser les problèmes de la société d'aujourd'hui et surtout de demain, et lorsque aucune alternative au pouvoir ne paraît être crédible. Il devient alors possible qu'un groupe, un réseau ou un individu mette en cause le système. Les nouveaux dirigeants sont alors choisis en fonction d'une psychologie collective, non seulement en termes de popularité, mais surtout comme représentants des valeurs souhaitées désormais par les citoyens. Ces représentants, s'ils existent, seraient les catalyseurs d'un consensus sur le changement de modèles et de valeurs.

C'est ainsi qu'un scénario de mutation des valeurs masculines vers un autre centre de gravité s'appuyant sur des valeurs alternatives et féminines peut être, par chacun de nous, imaginé…

CHAPITRE 13

Avis de turbulences, avis d'éclaircies...

Il ne suffit pas de décrire les valeurs qui peuvent permettre à un leader social de se construire un capital social. La question majeure reste d'abord celle-ci : à quelle évolution aspire la société ? Quelles sont ses attentes individuelles et collectives ?

La réponse n'est pas immédiate, certes, mais un mot vient spontanément à l'esprit de tous : le changement. « Il faut que ça change ! » Mais quoi ? Mais comment ? Mais quand ? Mais avec qui ?

Aujourd'hui, devant l'effondrement des grandes idéologies qui n'ont pas été remplacées, l'échec répété des modèles de sociétés classiques et antagonistes, la peur renaissante face aux extrémismes qui semblent progresser, les attentes sont fortes. Toutes les études de styles de vie menées au CCA révèlent l'espoir profond d'un leadership nouveau. Pour deux objectifs majeurs : sortir de la crise d'abord, et refaçonner les modes de vie de demain ensuite.

Or, la perception générale est que l'on ne sortira de la crise ni par l'anarchie d'initiatives individualistes, ni par des développements séparés, morcelés, en clans ou en tribus sociales égocentrées ; mais en renouant le lien social et en instaurant des médiations qui cherchent à harmoniser les différences, favorisant ainsi, au-delà des divergences, la coopération, l'entraide.

On ne sortira pas non plus de la crise en traitant les problèmes au coup par coup, dans l'urgence du moment, ni en essayant de retarder les échéances, mais en préparant le terrain humain et en planifiant les changements à l'avance, avec une ouverture d'esprit tolérante dans un monde aux multiples vérités.

L'attente porte aussi sur l'abolition des domaines réservés dès lors qu'un problème social ou politique mobilise à la fois la raison, l'émotion et l'éthique. Chaque personne, *n'importe qui*, impliqué, mobilisé et volontariste veut pouvoir agir.

Une autre attente encore est celle d'une re-solidarisation du corps social contre les conflits improductifs ou les antagonismes clochemerlesques, issus de divergences d'intérêts artificiels ou bêtement traditionnels.

Conclusion ? Nous avons, semble-t-il, plus besoin de médiateurs que de gladiateurs. Des médiateurs qui soient des animateurs de groupes disparates, mais néanmoins impliqués, des médiateurs *go-between,* des traducteurs culturels. Mais aussi des leaders perspicaces, à même de percevoir de nouvelles façons de gérer notre société.

Les citoyens n'en peuvent plus de ces face-à-face traditionnels, de ces bras de fer entre opposants politiques et sociaux ankylosés dans leurs ressentiments traditionnels.

Comment s'exprime alors le désir de changement ? En termes de *partenariats,* sur la base du volontarisme d'équipes motivées et compétentes, réunies autour de relais coordonnés en réseau, qui prennent en charge un projet. On s'éloigne des valeurs masculines ou je me trompe ?

Cette adaptation collective ne peut se faire que si des leaders charismatiques encouragent les innovations sociales, les rapprochements des extrêmes. Ce qui implique la création de liens sociaux nouveaux, intégrateurs, mobilisateurs, autour de valeurs et de règles du jeu partagées.

On attend de ces leaders de demain compassion, expression de leurs sentiments, tolérance envers les différences et, surtout, qu'ils travaillent en réseaux. Qu'ils soient les catalyseurs d'une mutation sociale sans conflit ni exclusion, par une rénovation des valeurs partagées, une éthique consensuelle, l'acceptation du pluralisme culturel considéré comme une richesse potentielle à exploiter.

Il n'y a rien à attendre d'une fusion des différences ; il y a tout à gagner dans le partage et la cooptation créative.

Serait-ce rêver à haute voix (délire ! penseront certains…) que d'aspirer à ces changements ? Ce n'est pas si sûr ! Chacun sait bien que la réalité reprend ses droits au réveil et je me demande si des surprises ne sont pas au rendez-vous…

Car trois événements extraordinaires se sont produits simultanément durant les derniers jours d'août et les premiers jours de septembre 1997. Des événements qui, à deux ans du nouveau millénaire, pourraient bien être des signes annonciateurs de la prochaine idéologie dominante du 21e siècle.

Que je rassure tout de suite le lecteur : non, il ne s'agit nullement d'un abcès de fièvre mystico-ésotérique ni d'une plongée brutale dans un pseudo-mysticisme inquiet, antidote traditionnel aux interrogations angoissées en cette veille de changement de siècle ! Non, il s'agit bien, à mes yeux, d'événements riches de sens et c'est comme tels que je souhaite les soumettre à (sereine) réflexion.

En Grande-Bretagne, des millions d'hommes et de femmes affligés par la mort de Diana ont envahi les rues et les parcs de Londres pour accompagner le cercueil de la princesse de Galles. À son passage, dans un recueillement et une peine impressionnants, larmes et applaudissements spontanés se sont exprimés.

Dans le même temps, ce peuple ému a montré son pouvoir en obligeant la Reine à se tenir debout, à l'extérieur de son propre palais, à incliner la tête devant celle qu'elle avait bannie de sa famille et à qui elle avait ôté son titre d'Altesse Royale. On pourrait aussi citer, pendant la cérémonie à Westminster Abbey, une star de rock, gay, qui a chanté pour Diana et le monde entier, ainsi qu'un frère ovationné, à l'intérieur comme à l'extérieur de Westminster, pour un discours virulent contre les médias, la famille royale et le formalisme protocolaire du système britannique.

Peu de jours avant, à Paris, au cours des Journées mondiales de la jeunesse, le pape Jean-Paul II et le monde entier via les médias ont assisté à un immense *happening* à la Woodstock (*Peace and Love*) où les croyants, mais aussi des beurs qui rappaient et des juifs qui chantaient *Shalom Aleichem* partageaient ensemble les valeurs de convivialité qui ne connaissent aucune frontière.

Quelques jours plus tard, à Calcutta, Mère Térésa est inhumée devant une foule en pleurs, dans laquelle les musulmans et les hindous étaient plus nombreux encore que les catholiques.

Loin d'être des coïncidences ou des manifestations d'une loi des séries quelconque, ces événements sont, je le crois, un signe avant-coureur : celui de l'empathie qui sera, peut-être, la nouvelle idéologie de demain.

L'empathie est un terme du vocabulaire de la psychologie qui signifie « la faculté intuitive de se mettre à la place d'autrui, de percevoir ce qu'il ressent ». Que ces trois personnes, certes stars des médias, mais également vulnérables et fragiles, chacune à sa manière, aient pu provoquer ces mouvements spontanés d'émotion partagée, irrationnelle même, est un défi à l'analyse logique. Ne peut-on alors y détecter – c'est une hypothèse – que ce sont les manifestations d'un courant puissant encore souterrain aujourd'hui, mais demain ?...

L'épicentre des trois séismes sociaux et le dénominateur commun des trois personnages publics semblent bien être la compassion (souffrir avec), sentiment de pitié, de partage des maux d'autrui. Malgré les critiques ou les sarcasmes qui ont, de leur vivant, accablé ces trois personnalités, elles ont, c'est incontestable, provoqué des débordements d'émotion et de sensibilité. Toutes trois avaient indiscutablement en elles cette compassion, cette empathie vis-à-vis de ceux qui souffrent. Toutes trois étaient aussi, à leur manière, les avocats d'une ouverture d'esprit à l'égard des autres - autres ethnies, autres cultures.

Mais au-delà de ce centre de gravité humaniste partagé, on peut penser que si ces trois rassemblements ont provoqué tant d'émoi, c'est qu'ils constituent aussi, peut-être, un miroir du meilleur de soi. Voilà sans doute pourquoi tant de personnes si différentes, policiers, punks, mères de famille, enfants, gays et VIP, ont pleuré devant le passage du cercueil de Diana. Face à la barbarie, à l'aridité des sentiments, à l'horreur économique, sociale et morale issues en partie des valeurs masculines qui inspirent les classes dirigeantes, les trois personnages incarnent, à leur manière, le rêve d'un monde à visage humain.

Les valeurs de cet idéal seraient celles que nous avons décrites tout au long de ce livre comme étant des valeurs féminines, donnant une unité, enfin, à ce qui peut être considéré comme des éléments divergents dans nos vies : réunir, marier, proximité affective et rigidités des habitudes ou des traditions. En quelque sorte, faire avec ce qu'on a, mais avec *tout* ce qu'on a, associer la raison et l'émotion, le rationnel et l'irrationnel.

Une idéologie d'empathie pour répondre à l'égocentrisme de notre époque, pour répondre à ceux qui cherchent un sens personnel aux situations et aux événements impersonnels. Une empathie qui est à mille lieux des dogmes de nos cultures aux valeurs masculines dominantes. Lesquelles, lentement, mais sûrement, s'érodent…

Par un rapprochement des valeurs féminines si longtemps mésestimées, cette érosion ne ramène-t-elle pas le balancier des valeurs à un plus juste milieu ?

Bibliographie

Bachofen Johann Jakob, *Le Droit maternel*, Lausanne, L'Âge d'Homme, 1996.

Engels Friedrich, *L'Origine de la famille, de la propriété privée et de l'État*, Paris, Scanéditions/Éditions sociales, 1983.

English Deirdre, *For her own good*, New York, Anchor/Doubleday, 1978.

Handy Charles, *L'Âge de déraison*, Paris, Village Mondial, 1996.

Hegelsen Sally, *Female Advantage*, New York, Doubleday, 1990.

Hillman James, *We've had a hundred years of psychotherapy and the world's getting worse*, Londres, Harper, 1992.

MacArthur Tom, *Worlds of reference*, Cambridge, Cambridge University Press, 1986.

Naisbitt John, *Global paradox*, New York, William Morrow, 1990.

Rawls John, *Théorie de la justice*, Paris, Le Seuil, 1997.

Seguéla Jacques, *Le Futur de l'avenir*, Paris, Ramsey, 1996.

Toffler Alvin, *Les Nouveaux pouvoirs*, Paris, LGF, 1993.

Chez le même éditeur

Les Echos Financial Times

L'Art du Management

Les textes de la remarquable série parue dans *Les Echos*. Tous les grands principes du management moderne, présentés par plus d'une centaine de professeurs français et étrangers dans un ouvrage de référence destiné à devenir un grand classique.

776 pages, 1997

Carton

Eloge du changement

Formé en psychologie sociale et économie politique, l'auteur a passé vingt ans chez American Express Finance. Aujourd'hui consultant, il propose avec clarté une approche humaniste du changement.

224 pages, 1997

Drucker

Structures et changements

Puissance de l'observation, justesse de l'interprétation, courage de la remise en cause : c'est l'effet Drucker.

304 pages, 1996

Fondation Drucker

Le Leader de demain

En hommage « au pape du management », une trentaine de textes inédits écrits par des auteurs de renommée internationale, des enseignants et des dirigeants d'entreprise, sur la qualité de la vie professionnelle de demain, sur l'entreprise citoyenne, et en particulier sur les styles de leadership nécessaires pour accompagner les grandes mutations.

304 pages, 1997

Gibson

Repenser le futur

Une occasion unique de se faire une idée de ce que sera demain dans l'entreprise et adopter en consé-

quence les structures et les stratégies les mieux adaptées au futur contexte, grâce aux contributions originales de seize des plus grandes signatures internationales : Stephen Covey, Gary Hamel et CK Prahalad, Charles Handy, Philip Kotler, Michael Porter, Peter Senge et Lester Thurow entre autres. Rowan Gibson est consultant chez Euro RSCG. Introduction de Alain de Pouzilhac et Jacques Seguéla.
320 pages, 1997

HANDY **L'Âge de déraison**

Un philosophe à lire et à relire si nous voulons prendre en charge notre destinée.
272 pages, 1996

HANDY **Le Temps des paradoxes**

« Le prophète des affaires » explore les paradoxes de nos systèmes économiques avancés.
272 pages, 1995

LASZLO **Les Défis du troisième millénaire**

Président-fondateur du Club de Budapest et auteur d'une vingtaine d'ouvrages, Ervin Laszlo offre, à l'occasion de la première réunion mondiale du Club à l'Unesco à Paris, une vision magistrale des enjeux individuels et professionnels pour l'homme à l'aube du troisième millénaire.
144 pages, 1997

MACK **Co-évolution, dynamique créatrice**

Grâce à l'application des sciences de la complexité, la démarche qui permet à tout groupe de s'enrichir collectivement du savoir et de l'expérience partagés de ses membres ; avec des exemples en entreprise, en organisation et en association, pour donner un sens à l'organisation apprenante, à la co-évolution créatrice et à l'interactivité des talents.
208 pages, 1997

Achevé d'imprimer
sur les presses de l'imprimerie
Arts Graphiques du Perche
28240 Meaucé

Dépôt légal Février 1997
Imprimé en France

98475